김선욱 시집

강은 그리움으로 흐른다

강은 그리움으로 흐른다

김선욱 시 · 마동욱 사진

새로운사람들

自序

이 시집은 내 삶의 '비탈진 그늘' 같은 구비에서 씌어졌다.
내 삶의 여명기에 찾아들어 늘 단단하게 자리 잡았던 진득한 그늘,
내가 그 그늘로부터 벗어나기 위한 안간힘으로 매달린 것이 詩였다.
사랑의 본질, 삶의 본질의 의미에 다가서려고 애써보고,
인간이 인간에게 그리고 자연 앞에 발가벗고 다가설 수 있는
경이로움을 체득하고 그것들을 시로 쓰면서 배웠다.
실제로 오랫동안 고집스럽게 끌어안고 있던
그 그늘을 이제, 여기 그만 내려놓으려 한다.

나를 지켜주기도 했고, 때론 절대고독에 빠뜨리기도 했지만
정작 내려놓으려니, 나는 부끄럽고 부끄럽다.
이 시집을 징검다리 삼아
이름 모를 새들이 대숲에서 잠을 깨우고
산기슭을 돌아 나오는 맑은 바람이 불어오고
철마다 가지가지 들꽃이 피어나는
아름다운 사람들의 마음과 정이 넘치는
詩 마을에 나는 이르고 싶다

2012, 초겨울
정남진 억불산 기슭의 작은 마을에서

차례

自序 ·· 4

제1장
정체1 ··· 13
정체2 ··· 15
닿을 수 없다 ··· 17
낯설다 ·· 19
도대체 무슨 이유로 ·· 21
길 ·· 23
정체를 모른다 ··· 24
여린 불씨로 살아 있었다 ······························ 26
그립다고 말도 못한다 ··································· 28
향기 ·· 30
공간 ·· 33
죽지 못하는 이유 ·· 35
소진되어 죽으리라 ··· 36
잊으려 하지만 ··· 39
사랑이 떠나간다 ··· 40
사랑을 떠나보내며 ··· 42
그림자 ·· 45
여생을 위하여 ··· 47
차생으로 가는 것 ·· 48

제2장
기다림 ·· 53
잠 못 드는 밤 ·· 54

여름이 오면 …………………………………………………… 56
그리움으로 흐른다 …………………………………………… 59
회억 …………………………………………………………… 60
허망한 일일지라도 …………………………………………… 62
갈대 …………………………………………………………… 64
절로 절로 ……………………………………………………… 66
순리 …………………………………………………………… 69
강이 강이 되는 이유 ………………………………………… 70
기원 …………………………………………………………… 72
이것 또한 ……………………………………………………… 74
아픔은 묻힌다 ………………………………………………… 76
갈대의 춤 ……………………………………………………… 78
흐르는 것들의 소리는 ……………………………………… 80
가무 …………………………………………………………… 84
흐르는 대로 …………………………………………………… 87
강은 생명이다 ………………………………………………… 88
일어서는 강 …………………………………………………… 92

제3장

억새의 노래 …………………………………………………… 96
꽃무릇, 닿을 수 없다 ………………………………………… 98
사랑초, 아프지만 참는다 …………………………………… 100
야화의 숙명이라오 …………………………………………… 102
눈물의 강 ……………………………………………………… 104
들꽃은 사랑을 모른다 ……………………………………… 106
그리움으로 꽃이 핀다 ……………………………………… 108
들꽃은 한으로 핀다 ………………………………………… 110
사랑하니까 핀다 ……………………………………………… 113
강정리 들꽃처럼 ……………………………………………… 114

살아있어 축복이다 ··· 116
겹무궁화꽃 ·· 118
달맞이꽃 ··· 120
양귀비꽃 ··· 122
들꽃의 소망 ··· 124
구절초 연가 ··· 126
눈물로 오는 님 기다리라 ·· 128
사랑에 빠지다 ·· 130

제4장

개펄 ··· 135
그리움만 얹히고 ··· 138
파도의 사랑법 ·· 141
해변의 달밤 ··· 142
갈매기가 비상하는 이유 ·· 144
겨울 포구로 가리라 ·· 146
수문포구에서 ··· 148
바람의 사랑 ··· 150
죽순의 사랑 ··· 152
달밤, 대숲에서 ··· 155
대숲이 울다 ··· 156
대가 늘 푸른 것은 ·· 158
평화리 대숲 ··· 160
대의 증언은 끝나지 않았다 ··· 162
대숲에 눕다 ··· 164
팔월 보름달 ··· 166
뻘건 달 ··· 168
달밤에 ·· 170
소나무 사랑 ··· 172

보리 ··· 174
귀족호도 ·· 176
여인의 향기 ·· 178
밤안개 ··· 180
혼의 눈물 ··· 182
폭우 ·· 184
봄비는 ··· 186
여자 ·· 188
자궁이 신음한다 ································· 190

제5장
사랑은 구형이다1 ································ 194
사랑은 구형이다2 ································ 196
철길처럼 ·· 198
별처럼 ··· 200
나의 하나뿐이다 ································· 202
둘이면서 하나이다 ······························ 204
사랑 빛 ·· 207
그리운 것 ··· 208
홀로 있다는 건 ··································· 210

跋文 / 한승원 ······································ 212
그리움과 고독, 사랑에 대한 覺書 / 성기조 ······ 221

제1장
그립다고 말도 못한다

정체1

정체2

닿을 수 없다

낯설다

도대체 무슨 이유로

길

정체를 모른다

여린 불씨로 살아 있었다

그립다고 말도 못한다

향기

공간

죽지 못하는 이유

소진되어 죽으리라

잊으려하지만

사랑이 떠나간다

사랑을 떠나 보내며

그림자

여생을 위하여

차생으로 가는 것

억불산, 장흥읍 평화리

정체1
-그리움1

소리 없는 바람으로 일어나

가슴으로 도둑처럼 스며들어

서늘한 아픔을 남겨주는 것

즈문 밤 달빛으로 내려와

몸뚱이를 내리 꿰뚫으며

몸속의 기운을 샅샅이 훑어가는 것

때로 차라리 심연의 해저에

무덤 쓰고 널 속에 갇혀 들어가

침묵의 깊은 잠 속에 빠져들고 싶은

비원悲願을 일으키는 것

장흥댐. 장흥군 유치면

정체2
-그리움2

눈 감으면

망막을 덮쳐오는 여린 빛살

눈 뜨면

하늘땅 가득 고여 흐르는 강물

밖을 나서면

무시로 스며드는 바람결

길을 걸으면

천지를 가득 메운 향기

그대는.

탐진강, 강진군 군동면 장산리

닿을 수 없다
-그리움3

날개 없어 그대에게 이르지 못한다

형체 없어 소리로조차 닿을 데가 없다

가시나무새처럼 그리움이 사무쳐

가슴 미어터져 선혈이 낭자해지면

하마 그대에게 닿으려나

일생에 단 한 번 꽃피우고 죽는 대나무처럼

그리움에 겨워 허옇게 죽음 꽃을 피우면

하마 그대에게 닿으려나

억불산, 장흥읍 평화리

낯설다
-그리움4

실체 없는 꿈도 나의 현실

눈부신 미소로 찾아 온 그대

생전에 본적 없던 해맑은 웃음

허리 꺾고 앉아 무릎 세우고

두 손으로 깍지 끼고

말없이 바라만 본다

어느 별 나라에서 내려 왔는가

두 입술이 꿰맨 듯 떼어지지 않는다

의미를 알지 못해 부끄럽다

죄 짓고 풀고 못다 푼 죄만

업業으로 남기는 법인데

오늘 또 죄 하나 짓는구나

정남진 바다, 장흥군 회진면 삭금리

도대체 무슨 이유로
-그리움5

잠이 도망갔다

껍데기만 남겨두고

저 멀리 도망가 버렸다

나 미친놈처럼

술독에 빠져들며

이 방 저 방 싸돌아다니다

날밤 샌다

잠이 도망간 자리

천만 근 무게로

내 몸뚱이

짓누르고 있다

탐진강, 장흥읍 신남외리

길
-그리움6

걸으면 걷는 대로 생겨난다

아무 데고 풀잎 쓰러뜨리는 바람처럼

어둠도 허물어뜨리는 눈 감고도 갈 수 있는

늘 색깔을 달리하고 형상을 달리하는

새 길이며 낯익은 길이다

생각하면 생각하는 대로 생겨난다

혼자 걷고 누구도 동반할 수 없는

쓸쓸하지만 편안한 길이다

그 길 끝엔 늘

넘을 수 없는 벽이 도사린다

벽 너머는 까마득한 어둠

내 어깨에 날개 달려

그 벽 넘을 때

내 그리움의

길도 끝나리라

정체를 모른다
―그리움7

구름 한 조각마냥 스러져 갔다

어느샌가 도둑처럼 스며들더니

내 안에 또아리 틀고 들어앉아

겨우 한 뼘 남짓 될 그곳에

깊이 모를 천길 늪 만들어

차곡차곡 수 천 수 만 겹으로 덧씌워

내 키 몇 곱보다 차 올랐을,
시때없이 내 속 휘저으며
서성대기만 하는,

아 언제까지
그 덮개 얹혀가며
내 속에 살 것인가

내 종생終生에서야 무너져 내릴
정체모를 존재여

탐진강, 장흥읍 연산리

여린 불씨로 살아 있었다
―그리움8

옛 친구 메시지 몇 자에
들바람처럼 내게로 다가온 그대
종일 불쑥불쑥 튀어나오고
가슴을 들쑤셔댄다

세월 속에 형체 없이 묻혀진 줄 알았다
시간 속에 먼지처럼 사라진 줄 알았다

눈 감아도 여리게 스며들어
망막 저편에서 어른거리는 불빛처럼
내 몸 맘 굳게 닫혔는데도
그대, 내 속에서
빈틈 헤집으며 튀어 나왔구나

그대, 내 속 어딘가에 그렇게 숨죽이며
그렇게 여린 불씨로
잠들어 있었구나

장흥댐, 장흥군 유치면 용문리

그립다고 말도 못한다
−그리움9

가진 것 송두리째 퍼다 주고

부족한 것 넘치게 채워주고

빈 몸뚱이로 떠나갔다

보고 싶지만 보고 싶다는 말도 못한다

울고 싶지만 흐느끼지도 못한다

오매에 그립지만 그립다는 말도 못한다

사랑을 다 하지 못한 업業으로

그리움만 데리고 살 뿐이다

탐진강, 장흥읍 건산리

향기
-그리움10

예고 없이 다가오는

가슴을 열지 않아도 젖히며

도무지 항거할 수 없는 훈풍이 되어

내 온몸 더듬으며

무시로 찾아드는 존재

투명한 햇살 사이로

한 줄기 들바람 사이로

해 저무는 뜨락에서도

정적이 숨 쉬는 서재에서도

곱디고운 내음으로 출렁이며

교태스러운 몸짓으로

난데없이 찾아드는 존재

기어코

나는 혼절한다

황홀한 그 향기에 취해

탐진강, 장흥읍 내안리

탐진강, 강진군 군동면 호계리

공간
−그리움11

한 장의 종이처럼
내 가슴이 접혀지고 펴지는

울음으로 내 가슴이 젖으면
물처럼 사르르 간격 없이 젖어들고
울적하여 내 가슴이 공허해지면
바람결처럼 살며시 스며들지만
잡히지 않고 잡을 수도 없는

무한대의 창공이지만
한 순간에 무한의 격을 없애고 다가서고
또 한 순간에 이슬처럼 사라지지만
또한 영원히 존재하는 공간

그리움은
그런 공간이다

탐진강, 장흥군 유치면 봉덕리

죽지 못하는 이유
-그리움12

나 죽지 못한다

내 속에 그대 흔적

늪 되어 묻혀 있기에

벙어리 되어 숨 쉬기에

나 죽지 못한다

나 죽어 먼지처럼 사라지면

그대 갈 곳 없어 방황할 것이기에

그 누구도 그대 기억하지 못하기에

나 죽지 못한다

내가 살아야

그대 내 속에 살기에

소진되어 죽으리라
―그리움13

나, 소진되어 죽으리라

피와 살이 튀기는 전장에서만
죽는 일은 없다
새벽에 갓 피어난 구름 한 조각
해 뜨니 자취 없이 스러지듯
나 소리 없이 죽어간다

배곯는 일도 없다

암 세포가 장기를 갉아먹고 있는 것도 아니다

검버섯 피도록 수명이 닳아진 것도 아니다

그 무엇이 내 속에서 나를 죽이고 있다

어느 날 느닷없이 터 잡은 놈

속에서 자랄 만큼 자랐는지

살 속까지 헤집으며 갈기갈기 찢어발기더니

그예 뼛속까지 파고든다

드릴로 뚫듯 숭숭 구멍을 뚫고

얼리고 풀며 제 멋대로

야금야금 갉아 먹는다

종내는 뇌수에 이어 영혼까지

갉아 먹히며 죽으리라

한 세상 살다 내 몸뚱이 그리 소진되어

숨이 멎는다면 더는 여한 없으리라

장흥댐, 장흥군 유치면 대리

장흥댐. 장흥군 유치면 늑룡리

잊으려 하지만
-그리움14

그대를 잊기 위해 비우고 또 비운다
내 안에 있는 흔적을 비우고
남아있는 기억을 지우고
영상의 찌꺼기도 지우고
죄다 비운다
송두리째 비우며 잊으려고 하지만
다시 가득 채워지며
여전히 잊을 수 없는 그대

그대는 내 몸이 죽어져야 사위어질
아니 내 몸이 죽어도 다시 살아나는
불가해의 뿌리에 근원하고 있는가

사랑이 떠나간다
―그리움15

사랑이 떠나간다

어느 날 불쑥

내 가슴으로 뛰어 들어와

꽁꽁 얼어붙은 내 가슴 녹이고

불길을 지피어 놓았던 사랑이

이제는 떠나간다

내 가슴에 깊이를 알 수 없는

그리움 늪 심어놓고 떠나간다

사랑이 오고 가는데
무슨 이유가 있으랴
본시 사랑은 갑자기 찾아오고
또 기약 없이 떠나가는 것을

떠나가는 사랑을 붙잡을 수 없다
나는 여전히 그 사랑 믿기 때문이다
떠나가는 사랑으로
나는 또 하나 그리움으로
내내 가슴앓이 하리라
내내 홀로 불태우며
사위어가리라

정남진 바다, 안양면 율산리 여다지

사랑을 떠나보내며
−그리움16

다가가고 싶었다
더 가까이 다가서고 싶었다
그러나 마음뿐이었을 뿐
기어코 다가서지 못한 채
맞서 부딪쳐 보지도 못한 채
너를 떠나보내는구나

내 가슴 다 보여주지도 못했는데
어느새 내 가슴 안에 가득한 너를
지워야하는 안타까움
진심을 고백하지도 못했는데
등 돌아서는 가슴앓이

너 떠나가 뻥 뚫린 가슴에
쌓이는 그리움이
가슴을 에인다

탐진강. 장흥읍 신남외리

탐진강 하구. 강진읍 학명리

그림자
-그리움17

처음부터 내 안에 있었다

빛이 쏟아지면 불쑥 나타나는 것이 아니었다

처음부터 내 속에 있었다

발가벗은 이브가 부끄러워

여호와의 빛 아래 숨었듯

빛이 다가오면 맞닥뜨리기 부끄러워

내 등 뒤로 숨는 것뿐이었다

처음부터 나와 떼려야 뗄 수 없는

나와 떨어져서는 존재할 수 없는 존재로

내 속에 살고 있었다

내가 그와 함께

살 수 밖에 없는 이유다

천관산에서 내려다본 정남진 바다. 회진포구

여생을 위하여
−그리움 18

이생에서 그대 있어 내가 있었다
그대 이생을 떠나니 나도 떠나리라
그대와 연緣은 다음 생에서 이어지리니

태양이 빛을 잃고 사라지면
다른 태양이 솟으리니
태양도 북극성도 영겁에서 영원하리라
우리네 삶도, 죽음도 이생에서의 일일 뿐
영겁에서는 이생이나 다음 생을 위한
순환 같은 것일지니
여생에 무엇에 더 집착하리
이생에 정情이 있어 사람이었으니
이생에서 얻은 정情 다 쏟아 내리라
다음 생은 또 다른 정情으로 살리니

이생의 여한餘恨 한 톨 남기지 않고
훌훌 털어내고 빈 몸
빈 맘으로 떠나리라

차생으로 가는 것
―그리움 19

차생次生으로 가는 건
내 영혼뿐이 아니다

우주를 꽉 채우며 흐르고
지구별도 틈 하나 없이 데우며 흐르는 것
암흑물질도, 에네르기도 아닌
내 그림자와 함께 몸 밖에도

가슴 저 깊이에도
차고 넘쳐흐르는
그리움이다

전생에서 내 몸 등짝에 엉겨 붙은 채
이생으로 뛰쳐나와 가슴앞이로 이생을 경험하고
다시 내 영혼과 함께 차생으로 떠나가는
내 생의 시작부터 여러 생을 함께 돌고 돌아
이제는 단단히 내 생에 뿌리내린

어느 별에서
나 종생하면 함께 종생할
그리움이다

정남진 바다. 장흥군 용산면 남포리

제2장
강은 그리움으로 흐른다

기다림

잠 못 드는 밤

여름이 오면

그리움으로 흐른다

회 억

허망한 일일지라도

갈대

절로절로

순리

강이 강이 되는 이유

기원

이것 또한

아픔은 묻힌다

갈대의 춤

흐르는 것들의 소리는

가무

흐르는 대로

강은 생명이다

일어서는 강

탐진강. 장흥읍 비연리

탐진강. 장흥군 부산면 내안리

기다림
―탐진강 1

내 피돌기였던 은어 떼도 내쫓았다

평생 정이 든 철새 떼도 몰아냈다

침묵의 아우성으로 버텼지만

사람들을 이기지 못했다

허리를 두 동강으로 잘라

시멘트 둑으로 위아래 가르더니

내 푸른 피를 가두고

큰 곳에서 살라 했다

알을 깨뜨리고 나오는 아픔이라 자위했다

말없이 감싸주기만 하는

산의 미덕을 배울 뿐이다

그리고 삐삐용 같은 탈출을 꿈꾸며 기다린다

내 푸른 피가 푸르게 솟구치는 그날을

잠 못 드는 밤
―탐진강 2

비가 후줄근히 내리는 밤
말씀은 어둠 속에 침묵하고
외로움은 겹겹이 성城을 쌓고
홀로 기울이는 소줏잔
강물이 스며들어 맹물이 되니
잠이 숨어들 새가 없다

자취도 없이 흩어지는
그리움 한 올 한 올
밤을 새며 부질없이 캐 올릴 뿐

이 첩첩 껍질을
언제쯤 벗어던질 수 있을까

탐진강. 장흥읍 평장리

여름이 오면
―탐진강 3

빗줄기 싸질러진 강폭 둔덕 허리엔

청개구리 울음 진동할 것이다

객지 아들 못 잊던 어무니 눈물샘은

하늘까지 차고 넘쳐 북극성은

물빛으로 더욱 빛이 날 것이다

밤마다 멱 감는 처녀의 살 내음

강진만 하구까지 진동하고

웃통 드러낸 아낙 목덜미 허예지면

남정네 아랫도리 벌게지고

아낙의 허연 젖통 드러나면

단내가 줄기줄기 물결칠 것이다

님 잃은 사람들의 그리움이

강심에 가득 피어오를 것이다

탐진강 상류. 유치면 대천리

탐진강, 강진읍 남포리

그리움으로 흐른다
―탐진강 4

강은 그리움으로

유유히 흐른다

긴 세월 하늘만 끌어안고

님들이 뿌려놓고 간

수천 년의 그리움 덩어리

한 자락 한 자락 풀어헤치며

강은 그리움의

갈증으로 흐른다

시간을 거슬러 돌고 돌아

영겁의 시공에 잠든 말씀 깨워

황폐해진 땅을 흠뻑 적실

그날을 기다리며

탐진강. 장흥읍 순지리

회억
−탐진강5

초하의 하늘 아래

질펀히 드러누운 강

질펀한 자태엔 몰캉한 물기 담겨있다

통곡의 세월을 역류하며

치달려 온 남풍 한 줄기

쉼 없이 치달려온 지난 세월 속의

사무친 그리움을 담고 있다

담백하고 수박 향 은은했던

탐진강 은어회도 자취 없이 사라졌다

사람들도 다 떠난 자리

강변을 생태공원으로 꾸몄지만

고깃배도 간 곳 없고

뱃노래 한 자락 들을 수 없다

예나 다름없이 무성한 수초만이

강바람에 일렁이고

한풀 꺾어진 서녘 붉은 빛이

강물을 물들이니

강폭에 몸을 누인 산그늘도 쓸쓸하다

강은,

사람들 떠난 자리에 저 홀로 누워

끊임없이 침묵의 언어를 내뱉고

가난한 시간의 흔적 지우며

그리운 이여 오라, 오라

목 놓아 울음 삼키고

천년 고독의 언어를

가슴에 담고 담을 뿐이다

허망한 일일지라도
−탐진강6

어쩌다

해가 설핏 이울녘

더 갈 데 없는 방랑자 모습으로

강변에 다다라 우두커니 그를 기다린다

강변에서 그것은 더 쓸쓸하다

막막함이 가슴팍을 후벼 판다

허망한 일일지라도

오지 않는 사람

오지 않을 그를 기다린다

더욱 허망한 일일지라도

내 겨드랑이에 지느러미 돋아

바다에 이르기를 꿈꾼다

탐진강. 장흥군 부산면 내안리

갈대
−탐진강7

갈색 빛 치마 두른 네 몸이 초췌하다

전생의 님인 게냐 떠나보낸 님인 게냐

바람결도 햇살도 네 정념 잠재우지 못해

진종일 목쉬도록 한을 노래하는구나

가슴에 묵혀 둔 마음 한 올씩 캐내어

네 치마폭 위에 얹혀놓을 뿐

몸속이 텅 비도록 피눈물로 노래하는

네 아픔 이해하려고 애쓸 뿐

미처 만장輓章은 준비 못해

오래도록 기억할 네 만장을 가슴에 새긴다

이 세상에 사랑으로 와 사랑으로 살다간다, 고

탐진강, 강진군 군동면 석교리

절로 절로
―탐진강8

세월이 절로 흘러가듯

강물도 절로 흐르니

강물을 멈추게 할 수도

재촉할 수도 없느니

제멋대로이든 절로이든

흐르면 흐르는 것이니

댐을 막아도 넘쳐흐르며 흐르니

상류에 폭우라도 쏟아져

물밀어 내려오더라도

이마저도 거친 절로일 뿐

절로 절로 흐름이니

당초

시작도 없고 끝도 없는*

구형에 뿌리 두고 있음이니

---

* 시작도 없고 끝도 없다 : 조선조 숙종 때의 인물로 상주 출신 추담秋潭 성만징成晩徵이, 그 나이 16세 때 대학을 배우던 중에 깨달음―을 얻어 절기 한 수를 읊으니 "위도 없고 아래도 없으며, 시작도 없고 끝도 없나니, 누가 이것이 무어냐고 묻는다면, 일만 개체는 하나의 이치(근원)로 통한다 하겠네(無上亦無下 無始亦無終 若人問此物 萬殊一源通)"라는 한시였다.

탐진강, 강진읍 목리

장흥댐 상류. 장흥군 유치면 덕산리 건동마을

순리
-탐진강9

내 가슴에는 강이 하나 흐르고 있다
어렸을 적 고향을 등지며 담아놓았던
그러나 늦은 나이에 환고향還故鄕 한 뒤에도
여전히 떠나지 않고 흐르는 강

나는 때때로 강 속으로 수없이 자맥질하며
몸뚱이에 넘쳐나는 쓸데없는 기운을 송두리째 퍼낸다
빈 몸뚱이로 세월도 묻고 인연도 하나하나 흘러 보낸다
하루에도 열두 번씩 일었다 사그라지는 포말과 함께
열두 번 죽기도 하고 살기도 한다

그럼에도
그 강을 내 가슴에 흐르게 놓아두는 것은
강 끝에 바다가 있고 바다의 끝에는
전생의 내가 살았고 이생의 후에 돌아갈
북극성이 있어서이다

강이 강이 되는 이유
―탐진강10

강은 제 몸이 아니므로
강이다
제 온몸으로 비우고 채움으로
강이 된다

강이 촌음도 멈추지 않고 흐르는 것은
비우고 채우기 위해서이다
온몸의 실핏줄 하나까지 다 퍼주고 퍼주며
송두리째 발가벗고
오로지 하늘 아래 벌 받는 자세로
내 죄 커 그 벌로 강간당해도 받아들이겠다는 자세로
가슴팍도 벌건 자궁 속도 다 드러내놓고
세상을 빨아들이고
세상을 핥아댄다
입 속으로 그대 기운 죄 빨아들이고
침까지 발라가며 뜨거운 혀로 핥아대고
내 몸은 그대 몸이니 그대 몸속으로 들어가
내 심장 그대 심장에 옮겨 붙으며
느리고 느리게, 서서히 하나가 되고

블랙홀이 생성되니

마침내 새 하늘이 열리고
새 생명이 태동하며
비로소 강은 살아있는 강이 된다

탐진강 하구. 강진읍 학명리

기원
―탐진강11

며칠간 늪지를 서성거리던

바람 한 점

기운을 다해 홰홰 돌며

깊이 감추어진 심장에 스며들어

푸른 피돌기를 홰홰 내 돌린다

수려한 껍데기며 치장도 벗어버리고

거칠고, 묽고, 싯누렇던 내장도 다 드러내고

비로소 깊은 숨을 내쉬며

늪지를 차고 넘어 흐른다

소용돌이다

일었다가 곧 어디에선가 공기 중에

흔적 없이 산산이 분해될

그리고 떠밀리며 정처 없이 흐르다

햇빛 속으로 사그라져 갈

두 영혼이 뜨겁게 만난

태초에 생명은

이렇게 탄생되었던가

이제 새로운 삶이 이어지리라

미풍은 살랑거리고

속도 다 드러낸 무채색 물빛으로

새 삶이 시작되리라

하늘도 한 점 내려앉는다

말씀도 스미어 든다

아득한 그리움도 옷을 벗는다

탐진강. 장흥읍 순지리

이것 또한
―탐진강12

갈대 서걱이는 강변

투명한 하늘이 두 손에 쥐어지고

누군가의 눈물이 배어있는

을씨년스러운 바람이 인다

난데없이 밀려오는

섹스 뒤 밀려드는 그것처럼

온몸을 옥죄어 오는

도무지 근원을 알 수 없는

정체를 규명할 수 없는 외로움

밑도 끝도 없는 공간에서

외톨이 된다

가슴이 터지려 한다

눈시울이 메어온다

아,

"이것 또한 지나가리라"*

* 유대교 문헌(미드라쉬Midrash)에 나오는 설화에서, 솔로몬 왕의 명으로 반지 세공인이 반지에 새겨 넣은 글귀.(원전이 되는 것은 성경 '전도서'). ―'이것 또한 지나가리라(Soon it shall also come to pass).' 이 문장은 이후 랜터 윌슨 스미스Lanta Wilson Smith가 그의 'This, Too, Shall Pass Away'라는 시에 그 내용을 새롭게 표현했으며 이 시는 또 류시화의 시집 "사랑하라, 한 번도 상처받지 않은 것처럼"에 일부 내용이 번역 편집되어 게재되기도 했다.

탐진강. 장흥읍 신남외리

아픔은 묻힌다
―탐진강13

어둠 속에 웅크린 채
끝없는 가쁜 숨소리
강이 울고 있다

바람 한 줄기에도 꿈틀거리고
덤프트럭 굉음에도 화들짝 놀라 울부짖는
지치고 지친 몸뚱이의 통음
네 등에 돋은 상처가 보인다
네 가슴에 도사린 아픔도 보인다
네 얼굴에 일렁이는 외로움이 보인다
달빛에 희번득이는 건 네 눈물인 게냐
아픔을 내뿜어 눈물강이 된 게냐

애써 참지 마라
아픔도 묻히고
그리움도 흐르리니

탐진강. 강진군 군동면 석교리

갈대의 춤
−탐진강14

자유의

춤사위다

앞서기도 뒤처지기도

홀로이기도 몇몇이기도

일제히 어울리기도 하지만

경쟁도 다툼도 없이 바람결 흐름 따라

하늘하늘거리는 희디흰 자연의 춤

굽이도는 강바람은

안팎 경계를 무너뜨리고

햇살은 갈대 사이사이를 물처럼 스며들고

하늘은 어제 오늘의 막힌 가슴을 숭숭 뚫어주니

이리 흐느적 저리 흐느적

순수한 군무

슬픔도 서러움도 환희도 묻고

오로지 하늘 아래 유일한

무애자애한 춤이어라

탐진강, 강진군 군동면 장산리

흐르는 것들의 소리는
―탐진강15

강가에 앉아

물소리를 듣는다

시간도, 세월도

소리 내며 흐른다

수많은 원혼들의 넋두리도

신청*에서 음률을 배우던

젊은 아낙의 남도 창唱도

유치천에서 임금을 향해

충정의 마음으로 절규했던

풍암공**의 호곡도 흐른다

한국동란 때 천지가 불바다 되며***

---

*   신청神廳= 조선조 무부巫夫들의 조직체. 부사 고을 이상에서 운영되던, 국악 등 전통예술 전승에서 중심 역할을 했던 오늘날의 시립―국립국악원 성격의 기관. 부사 고을이었던 장흥 신청 출신의 이름난 국악인으로 최옥삼, 김녹주 등이 있다. 최옥삼은 '최옥삼류'라는 가야금 산조의 한 유파를 확립한 인물이며, 김녹주는 판소리와 가야금 병창에 능했던 예인이다.
** 풍암楓菴공 : 풍암은 유치면 늑룡마을 출신으로 임진란의 의병장이었던 문위세文緯世(1534~1600)의 호. 당시 풍암공은 집안 노복 등 100여 명을 이끌고 창의, 낙안 순천을 경유 남원에 도착한 후, 전라좌의병대의 군량미 확보, 조달의 총책을 맡았다. 또 장수, 무주, 금산, 성주 개령 전투에서 군무를 계획하여 제갈량으로 비유됐고, 흰옷 입은 의병장으로 불려 '백의 의병장'으로 명성을 떨쳤던 장흥군 유치 출신의 인물.
*** 한국동란 때 유치 : 한국동란 때 남쪽 인민군들의 집결지였던 유치면 일대는 가옥 한두 채만 제외하고 모두 전소되고 말았다.

탐진강. 장흥읍 송암리

배회하던 잡귀들의 흐느낌도 흐른다

버려지고 사라지는 것들
남아지고 닳아진 것들도 흐르고
내일이란 녀석도 저만큼 몸 사리며
흘러오고 있다
이 세상 살아있는 것들이
소리 내며 흐른다

그 소리들은

태초로부터 천지를 메우며

외롭게 흘러온 말씀을 좇아*

하나의 원으로

모아지는 소리였다

---

* 말씀: "태초에 말씀이 계시니라. 이 말씀이 하나님과 함께 계셨으니, 이 말씀은 곧 하나님이시니라"(성서 요한복음 1장 1절)

탐진강 금강천. 장흥읍 영전리

가무
―탐진강 16

오랜 세월
껴안고 살아오다
강을 닮아버린 사람들

저 먼 바다로 흘러가길 꿈꾸더니
이제 불볕더위 속에 잔치 여니
사람들 꾸역꾸역 모여들고
강도 신명나게 가무로 반긴다

갈증으로 허덕이며 뙤약볕 아래 낮게 엎드려
골골거릴 일이 더는 없으리라는
기대 때문이다

탐진강, 강진군 군동면 용소

탐진강. 강진군 군동면 장산리

흐르는 대로
—탐진강 17

늦은 가을비 추적거리는
강가에서 그대를 흘려보내니
은어 한 마리 풀쩍 뛰어 오른다

애써 눈물 감추려 비오는 날이면 어김없이
한 해 동안 스무 번도 흘려보내길 몇 해째
흘려보내도 돌아서 긴 밤새우고 나면
어느 샌가 되돌아와 가슴에 박혀있는 것을
퍼내어 흘려보내도 그대로인 것을
토해내고 토해낼수록 더욱 뿌리 깊게 앉아있는 것을

저 강물이 흐르는 것도 흐름이고
은어의 역류도 흐름이듯
오는 사랑도 흐름이고
떠나는 사랑도 흐름이리니

이젠 흐르는 대로 두리라

장흥댐. 장흥군 유치면 송정리

강은 생명이다
― 탐진강 18

장흥호수* 위로 그림이 그려진다

유치천** 어귀에서 흔들흔들 바람의 춤을 추던 갈대들의 한이 서린 군무가

보인다

보림사*** 길목 강물 속에서 푸르게 숨 쉬던 수초들도 하늘하늘거리고 있다

---

*   장흥호 : 탐진강 상류에 2006년 6월 8일 준공된 장흥댐으로 조성된 호수
**   유치천, 암천천: 장흥댐이 건설되기 전 탐진강의 지천
*** 보림사 : 탐진강 상류에 자리한 사찰

송정마을**** 암천천 어귀 모래들도 말간 햇살로 축복받아 금빛 은빛으로 반짝인다

주암마을 배바우 위에서 반 벌거숭이로 낄낄거리며 뛰노는 아이들

늑룡마을 문씨 제각에서 기다란 담뱃대를 물고 장기 두기에 여념 없는 수염이 허연 촌노들

단산마을 사장나무 그늘 아래서 담소하는 아낙들

월천마을 앞 유치천변에 우거진 방풍림 주위로 떼 지어 모여든 수백 마리의 철새들, 백로며 재두루미는 지금 어디에 머물고 있을까

무태장어, 붕장어, 모래무지, 자가사리, 미꾸리, 남방종개, 겯거니, 동사리, 드렁허리, 돌고기, 긴물개 꺽저기, 참마자, 동자개, 점줄종개, 줄종개, 메기, 각시붕어, 남지리, 얼룩 동사리, 버들메치, 칼납자루, 물개, 돌마자, 피라미, 각시붕어, 참붕어, 밀어 등 맑은 조약돌과 수초 사이를 오가며 반짝반짝 자맥질하던 수많은 물고기들에게 내일이라는 희망이 있었을까

사람들은 정든 땅을 떠났고

마을도 논밭도 물속으로 묻혔다

여기저기 땅 속 깊이 묻혀있던 오래고 오래된 삶의 흔적들도

마을 골목길도 갈대밭도 모래사장도 퍼렇게 살아 숨 쉬던 땅도

눈물겹도록 정겹고 상처 난 땅들의 기억도 사라졌다

콘크리트 성벽으로 쌓아올린 둑이 무너져야

**** 송정마을 주암마을 늑룡마을 단산마을 월천마을 : 장흥댐이 건설되기 전의 수몰지역인 유치면 마을들로, 댐이 건설되면서 수장되었다.

비로소 그것들은 일어나리라

물은 흐르고 흐르는 물이 강을 만든다
물길이 막히면 물은 고이며 죽는다
이 땅 도처에 강이 신음하고 생명들이 죽어가고 있다
강은 막힘없이 흘러야 한다
푸른 물이 찰랑거리며 숨 쉬어야 한다
흐르는 강에서 생명도 춤 춘다

탐진강. 장흥읍 행원리

일어서는 강
―탐진강 19

일어서고 싶다

오만하게 굽어보기만 하던

주는 대로 무한정 받아들이기만 하던

당신들과 결별하기 위해서가 아니다

너무 오래 누워있어

헤지고 닳고 닳아진 등허리에

맑은 바람 쐬고 싶을 뿐이다

가닥가닥 풀어헤쳐진 머릿결도

가지런히 빗어 넘겨 부신 물빛으로

출렁이게 하고 싶을 뿐이다

그리하여

하얀 구름옷으로 한껏 치장하고

맑은 이마 드러내는 당신과

나란히 서 있고 싶다

그렇다 이젠 일어서고 싶다

등을 펴고 고개 들고 싶다

바다만 바래며 흐르던 꿈도 버리고

내 몸뚱이로 하늘과 겨누고 싶다

낮은 곳으로 내뻗쳤을 다리 힘을 모아

당당히 발 딛고 당신과

나란히 마주보고 싶다

장흥읍을 가로지르는 탐진강

제3장
그리움으로 꽃이 핀다

억새의 노래

꽃무릇, 맞닿을 수 없다

사랑초, 아프지만 참는다

야화의 숙명이라오

눈물의 강

들꽃은 사랑을 모른다

그리움으로 꽃이 핀다

들꽃은 한으로 핀다

사랑하니까 핀다

강정리 들꽃처럼

살아있어 축복이다

접무궁화꽃

달맞이꽃3

양귀비꽃

들꽃의 소망

구절초 연가

눈물로 오는 님 기다리라

사랑에 빠지다

제암산 철쭉. 장흥읍 금산리

억새의 노래
―들꽃의 노래 1

천상에 오르다

산등성이에 눌러앉아

하늘만 그리워하는

죽는 날까지

누구도 원망하지도 않고

오로지 자신의 부덕을 탓하며

밤낮으로 바람만을 벗하며

머리가 허예지도록

애끓는 노래만 부르는

다음 생에서도

여전히 산자락에서 노래 부를

신세임을 알지도 못한 체

천상의 마당비 되는

허망한 꿈만 꾸는

그러나 너는 평생 산정에서

하늘을 우러르고 세상을 굽어보는

고고한 영예를 가졌으니

한 세상 시름 달래는

노래로 족하리라

천관산 억새. 장흥군 관산읍 외동리

꽃무릇, 닿을 수 없다
―들꽃의 노래2

가을 문턱 넘으니

예년에 보기 힘들었던

꽃대궁만 치솟아 꽃 피우고

꽃 지니 잎이 솟아

꽃과 잎은 닿지 못하는 꽃무릇이

여기저기 지천으로 피느니

올해 들어 내게 유난히 눈에 띄는 것은
마음 비우니 떠난 님이
행여 새 님과 닿을까 우려하여
꽃무릇 정령을 보내서인가

아들딸 장성하여 자식사랑 식어질까
서로 닿지 못하게 방해하는 알뿌리지만
철저히 내리쏟기만 하는 그 마음 본받으라는
가신 님의 가르침인 겐가
아마도 가을 들며 깊어진 그리움은
닿을 수 없는 마음인 게라고
요즘 들어 열나게 매달리는 어쭙잖은
시작詩作은 닿을 수 없는
무용한 헛짓인 게라고

아서라, 존재하는 것
사람들이 '존재'라 이름 하는 것들
닿지 못하는 한낱 꽃무릇이나
다를 게 없는 것임을 어찌하랴
그럼에도 닿기를 열망하는 마음인 것을

사랑초, 아프지만 참는다
─들꽃의 노래 3

아프지만 참는다

네 곁에 있으므로

너 눈 뜨면 나 눈뜨고

너 눈 감으면 나 눈 감으며

네 곁에 머문다

밤마다 외로워

얼굴과 가슴이 엉겨 붙느라

속살 찢는 아픔도 짐짓 무시하고

낮마다 심장 속에 돋는 가시

쿡쿡 찌르는 아픔도 부러 숨기고

화려하게 꽃을 피운다

내 심장이 네 심장 뚫고 들어가

네 피 내 피 하나 되어 흐를 때까지

죽어도 함께 죽고

살아도 함께 살리라

아프지만

사랑이므로 참는다

야화의 숙명이라오
―들꽃의 노래 4

사람도 외면한

미움의 비탈에서

홀로 피어나는 꽃

푸른 어둠이 춤추는 시간
바람의 숨결로, 별빛으로 위로받으며
달빛 만나 생기도 얻으며
오롯이 키워 온 그리움
밝은 날 님이 찾아왔더라도
햇빛에 눈멀어 눈떠보지 못하고
눈물 삼키며 떠나 보냈으리
그럼에도 님을 기다리는
이생에 만나지 못하면 차생에서
그러나 차생에서도 기약을 못하는
기혹한 숙명

그동안 견딜 수 있었던 것은
달빛이 아니었다
그리움이었다

눈물의 강
―들꽃의 노래 5

그대는 내가 그대 곁에 머무는 환희를 주었지요 내가 그대를 좋아하는 건 그대의 늘 깨어있는 시선도 따뜻한 가슴도 아니었습니다 눈물로 다가오는 외로운 숨결 때문이었습니다 그대가 연민으로 내게 주기만을 고집했다면 그대를 좋아만 했을 겁니다 내가 줄 수 있는 여지를 남겨두어, 한껏 치장하며 더 이쁘게 보일 수 있었습니다 그대, 외로움으로 몸부림치며 뜬 눈으로 밤을 새던 날 그대의 아픔이 내 가슴을 전율시키며 그대는 내 전부가 되었습니다

그대 눈물이 강물 되어 내게로 번져와 함께 눈물의 강을 타고 정처 없이

떠나는 긴 여행을 꿈꿉니다 세상의 온갖 서러움을 담고 모든 사람들의 눈물
을 모아 흐르는 눈물의 강을 그대와 함께 건너가는 건 내 삶의 어기찬 행운
입니다 종국에는 바다로 흘러 저 끄트머리 만길 낭떠러지로 떨어지며 내 몸
산산이 부서지더라도

   눈물의 강을 함께 건넜다는
   기쁨이면 더 할 나위 없습니다

들꽃은 사랑을 모른다
―들꽃의 노래 6

들꽃은 사랑을 모른다

욕심도 시샘도 모른다

몸뚱이 짓밟히고

허리 두 동강나며 허연 피 솟구쳐도

뿌리째 뽑혀 숨이 다해가도

원망할 줄도 항의할 줄도 모른다

밤이면 별빛으로

새벽이면 이슬로

비바람 몰아치면 잔바람으로

위로받을 뿐이다

가뭄에 목이 타 들어가도

벌 나비와 밀어 나누며

묵묵히 기다릴 뿐이다

자기를 짓뭉갤지라도

만난 것만으로 족할 뿐이다

꼬부랑 할머니가 쓰다듬어 준다면

이름 모를 소녀가 어여삐 보아준다면

어느 연인이 한 송이를 꺾어간다면

기쁨에 겨워 온몸을 부르르 떨리라

들꽃은 사랑을 모른다

두세 날 피고 져도

서른 날을 피었어도

오로지 기다리는 순정만을

발아래 엎드리는 순종만을

알 뿐이다

그리움으로 꽃이 핀다
―들꽃의 노래 7

꽃이 꽃 절로

피는 게 아니다

누군가 그립고 그리워

한 해 내내 그리워하고

이태동안, 석 삼 년을 그리워하다

그리움으로 핀다

꽃송이가 절로 터져 나오는 게 아니다

땅 속에서부터 그리움을 꿈꾸고

땅 밖으로 나와서도 그리움을 꿈꾸고

그리움의 잎이 되고

그리움의 줄기가 되고

마지막엔 그리움이

세상 밖으로 터뜨려진다

꽃송이가 꿈꾸는 대로 형형색색

천차만별의 그리움이 생겨난다

하찮은 들꽃 한 송이라도

이 세상에서 유일무이한 것은

그리움이 그러하기 때문이다

사람들이 그리움에서 헤어나지 못하는 것도

꽃들이 피워낸 그리움이

하늘땅을 차고 넘치기 때문이다

꽃 절로 꽃송이 절로

피어나지 않는다

그리움이 터져 나오는 것이다

제암산 철쭉. 장흥읍 금산리

들꽃은 한으로 핀다
―들꽃의 노래 8

들꽃은

윤회로 피는 것이 아니다

누가 씨를 뿌려 피는 게 아니다

원나라로 청국으로, 왜국으로 팔려갔던

환향녀還鄕女 넋들은 찔레꽃으로 피고

석대들녘서* 일군日軍 총칼에

피 뿌리며 숨져간 수만 동학도 넋들은

제암산 철쭉**으로 핀다

반만 년 세월 속에 제 수명 잇지 못한 채 타살되며

선혈뿌리며 산화해간 수백, 수천 만

푸르고 푸른 넋들은

이름 없는 들꽃으로 핀다

사람으로 태어났지만 짐승처럼 스러져가며

남긴 비원悲願이 꽃의 정령이 되어

한의 들꽃으로 핀다

봄 여름 가을 겨울

초하룻날 보름날 그믐날 열흘날 스무날

아침 낮 저녁 밤…

시때 가리지 않고

동서남북 산야에

이름 모를 비탈진 언덕에

들꽃은 섧고 서러운 들꽃으로 핀다

* 1891년 1월 15일, 당시 공주전투에서 패한 동학도들은 남으로 집결했고, 3만여 동학도들은 장흥읍의 석대들에서 일본군과 마지막 전투를 치르니, 바로 '동학 최후의 격전'이었다. 이 전투에서 공식전 전사자만 2천 명(일본 측 기록)이었다.
** 장흥읍 제암산(807m)의 자생철쭉. 남도 제일의 철쭉평원으로 알려진 제암산 중허리 곰재봉(630m)의 6만여 평은 잡목 하나 없는 평원을 이루고 있다. 동학 최후의 격전지 석대들과 탐진강은 철쭉평원에서 바로 발아래 굽어보인다.

사랑하니까 핀다
-들꽃의 노래 9

꽃이 피니
사랑받는 게 아니다
사랑하니까 꽃이 핀다

하나님이 사랑으로
이 세상을 만들었듯
세상만물이 사랑으로 존재하듯
행복해서 사랑하는 게 아니라
사랑하니까 행복하듯

꽃은
사랑하니까 핀다

강정리 들꽃처럼
−들꽃의 노래 10

짓밟으면

휘어지며 누웠다

찬 서리 눈보라에도

뿌리는 깊게 남았다

먼 남녘바다 바람에 실려 오는

그리움의 들꽃 향기

올 한 해도 한 세상

넉넉하게 피워낼 수 있을까

그런데 이름도 원하지 않았다 한 줌의 햇살, 한 모금의 빗물, 바람 한 점, 푸른 하늘 보기를 원했을 뿐인데 그리고 박토여도 감사했을 뿐인데 베고 또 베고 뿌리마저 파헤치더니 뿌리내린 땅마저 폭파하는구나

그래도 씨만은 날려 보냈으니

그 어느 이름 없는 날

그 어느 척박한 땅이라도

저 홀로 훈풍 따라 기지개 펴고

푸르른 생명으로 돋으리니

살아있어 축복이다
−들꽃의 노래 11

사람 눈이 닿지 않는 곳에
피었다고 외로워하지 마라
보아주는 이 없다고
서러워하지 마라
어디에서 피고 지든
이 세상에 오직 하나뿐이다

그저 논두렁이든 길가이든
보이지 않는 이름 모를 산야이든
소리 소문 없이 피다 지겠지만
이 땅에 왔다 가는 모든 존재가 그러하듯
차별 없는 한 생명으로
살아있어 큰 축복이니

이제 사람 이목의 구애에서 벗어나
가녀린 몸뚱이, 부신 꽃떨기로
천지를 밝히는 하나뿐인
네 사랑 한껏 가꾸리

탐진강 갈대. 강진군 군동면 호계리

겹무궁화꽃
―들꽃의 노래 12

한 하늘 아래 이 땅의 공기 마시며
이 땅에 뿌리 내려 꽃 피우는 너
마땅히 존중받아야 하거늘
한데로 내몰리며 외로이 피고 있구나

한 하늘 아래 우리 것 남의 것
따로따로인 것은 아니나
세상은 허용하지 않아
차별의 굴레에 갇혔구나

네 자유스로움이

네 지나치게 뛰어남이

차별을 더하게 만들었으리니

더러는 뽑히어 나가리라

더러는 무관심 속에 잊혀지리라

네 할 수 있는 일

네 홀로 자생의 힘 키우며

오직 기도하는 일이다

더는 차별 없는 세상 오기를

이 땅의 꽃들과 당당히

동거하는 날이 오기를

■詩作 노트 : 우리나라 전역에 조경용이나 화단용으로 식재한 무궁화는 '새안' 등 겹꽃(꽃잎이 여러 장) 계통의 외래품종이 70%에 달한 반면 순수 우리 토종인 '홍단심' '백단심' 등 홑꽃 계통의 토종 품종은 30%에 이르는 것으로 파악되면서 최근 들어 외래종 국화를 제거하고 토종 무궁화 식재 운동을 추진하고 있는 실정이다.

달맞이꽃3
−들꽃의 노래 13

한 달여 머물게 했던
달맞이꽃이 베어졌다

날선 낫이 목숨 앗을 때
목도 치고 발목도 잘랐을까
발목만 단숨에 잘랐을까
비명 한 마디 지르지 못했을 것이다
한 순간에 목숨이 스러져갔을 아픔
새끼들만 남겨둔 한을
내 어찌 짐작이나 할까

지난해, 지지난해
씨 뿌려 올해 첫 세상 구경 나온
그의 새끼들만 빈자리 곁을 지키고 있다
그들만으로는 성에 차지 않아
오늘도 그가 없는 빈자리만
하염없이 지켜본다

■詩作노트=2012년 6월 20일부터 한 달여 지켜보았던 한 그루 달맞이꽃이 갑자기 사라져 버렸다. 다행이 그 부근에 있던 키 작은 달맞이꽃들은 그대로 있었다. 한밤중에도, 새벽에도, 출퇴근 시간에도 찾아가 둘러보고 카메라에 그 피고 지는 모습을 담았다. 그 달맞이꽃이 사라져 매우 아쉽다. 올 여름 내내 그 모습을 비켜보려고 했다.

양귀비꽃
―들꽃의 노래 14

시아비 사랑했던 죄 많던 여인이

일천 이백 년을 뛰어넘어

낯선 이국땅에 한의 꽃으로 환생했다

오매寤寐에 님 그립고 그리워

꽃들도 부끄러워한 미모에

가는 허리 키우며 곧추 솟아올랐지만

고개 쳐들 면목이 없구나

꽃 중의 꽃으로 환생한 죄 때문이 아니다

님을 너무 사랑한 죄가 여태 업보로 남아져

고개 들지 못 하는구나

고향 땅 서안西安에서

님과 사랑 나누었던 장생전長生殿 만들고

님과 사랑 놀음 무극으로 만들어 떼돈 버는

그들의 작태가 부끄러워 고개 들지 못하는구나

오로지 기도할 뿐이다

섧고 섧은 자신을 한하며 기도할 뿐이다

푸르른 창공으로 가녀린 고개 들어

하늘을 우러러 별빛과 노래하고

붉은 핏빛 한껏 토해낼 그날을 위해

오로지 꿈을 꿀 뿐이다

맑은 하늘 아래 꽃 중의 꽃으로

당당히 고개 쳐들 그날이 오기를

자나 깨나 연리지連理枝 되자던

그리운 님 다시 만나기를

들꽃의 소망
―들꽃의 노래 15

님이 그리워

무작정 님을 기다린다

님이 찾지 않아도

나비도 찾아오고 바람결이 쓰다듬고

밤이면 별들이 내려와 반기니

한껏 치장하며 기다린다

님이 끝내 찾지 않아

외롭게 스러져 가도

씨앗이 뿌리내릴 수 있는 땅만 있으면

이듬 해 다시 태어나 꽃 피우며

님을 또 기다리리니

외로움을 견디는 법을 배우고

홀로 노래하는 법을 배우며

기다리고 또 기다릴 뿐

마음이 아픈 것은

기약없는 님이기 때문이다

구절초 연가
−들꽃의 노래 16

님 찾으러 땅으로 내려와

꽃으로 피어 하늘의 향기

그리 내뿜느냐

님이 간 곳 몰라라

천상의 정원 닮은 풍성한 들녘에서

단잠에 취해 님 꿈만 꾸는

바람도 쉬어가고

하늘도 내려와 머물고

은성한 햇살 춤추는

외진 곳일지라도

신선도 탐하는 향기 내뿜는

순결한 여인아

천상의 부귀도 내팽개치고

사랑 갈구하느라 갸날퍼진 몸매에

열정 그득 담고 해마다

현신하는 여인아

천년 세월도 기다리라

눈물로 오는 님 기다리라
―들꽃의 노래 17

그대, 울지 마오
모두 홀로이므로 외롭습니다
이 땅에 태어난 것 자체가 고독하지요

화사한 겉치레를 후회하나요
이쁨으로 유혹하니 모두 이뻐지길 원하지요
치장하고 뜯어 고치고 포장하기도 한답니다
밤에 피어나는 운명이 야속한가요
애시당초 외로움을 즐기어 하지 않았나요
외로워 고고해진 자신을 자랑스러워하지 않았나요
그대, 이젠 눈물을 닦아요
외롭더라도 함부로 사람을 만나지 마오
눈물이 없는 사람이면 당당히 외면하세요
평생을 그랬듯이 홀로 웅크리며 기다리세요
아프게 눈물로 찾아오는 님을 기다리세요
그대 입술에 슬픈 눈물 한 방울
떨구어 줄 님을 기다리세요
아프게 함께 울어 줄 그 사람만이
그대를 사랑할 수 있습니다

그 눈물은

가슴이 뜨거워 흘리는

아픈 눈물이기 때문입니다

사랑에 빠지다
―들꽃의 노래 18

푸른 달빛으로 숨쉬고

바람이 전해준 하늘의 정기로 살찌우며

햇빛과 달빛과 바람으로만 세상을 알았던

내 삶은 명징한 행복이었습니다

그러나 어느 날 내게 손 내밀어 얼떨결에 만난 님은

내 삶을 뿌리째 흔들고 있습니다

뜻하지 않게 님을 알게 되던 날

철벽 안으로 가둔 가슴의 빗장은 절로 무너지며

불덩이 하나 솟구치고 있었고

님 만나던 날 내 가슴은

벅차오르는 환희로 가득했지요

나만 바라보며 미소만 짓던 님

나 보기 차마 부끄러웠나요

말없이 나를 안아주기만 하던 님

내 사랑 받기가 죄스러웠나요

이제 님은 오로지 내 사랑

유일하게 내 삶의 단 하나의 이유가 된 님이여

매일 나를 찾아와 사랑고백하며
사랑해주어야 합니다
부끄러움도 훌훌 다 털어내고
맘껏 사랑해줘야 합니다

내게 찜 당해버린 님 뉘 사랑해주리까
세상에 다시없는 극진한 사랑주리니
그대 위해 한껏 사랑노래 부르리니
그대 위해 노래하다 목이 터져
이름 없는 들꽃으로 사라져도
행복하리니

제4장
대숲에 눕다

개펄	대숲에 눕다
그리움만 얹히고	팔월 보름달
파도의 사랑법	뻘건 달
해변의 달밤	달밤에
갈매기가 비상하는 이유	해변의 달밤
겨울 포구로 가리라	소나무 사랑
수문포구에서	보리
바람의 사랑	귀족호도
죽순의 사랑	여인의 향기
달밤 대숲에서	밤안개
대숲이 울다	혼의 눈물
대가 늘 푸른 것은	폭우
평화리 대숲	봄비는
대의 증언은 끝나지 않았다	여자
	자궁이 신음한다

정남진 바다 개펄. 안양면 율산리 여다지

정남진 바다. 안양면 율산리 여다지

개펄
―정남진 바다 1

질펀히 사랑 나누던 밀물 떠난 뒤

맥없이 퍼질러 누운 채

젖은 속가슴 슬며시 풀어

햇빛 아래 번지르하게 내놓고

가녀린 여린 숨 토해낸다

젊은 날 지친 삶의 끝자리에서

어김없이 탐닉하며 빠져들었던

그 찰지고 부드러운 미궁 속의 속살에

머리통 비벼대며 정력 다 내쏟고 죽어가곤 했던

유년부터 길들여 온 아득한 그리움도 통째로 산화시키고

날선 의식들도 산산이 무화시키던 절망에서 허우적거릴 때마다

다시 꿈틀대는 생명력을 충전 받았던

죽음의 길이고 삶의 구원이었던 그곳

남도의 끝 정남진 여다지*에서 만난

예전엔 처녀의 그것처럼 생기 넘쳐

온갖 갯가 생명들이 모여 살던 그곳이

---
* 여다지: 장흥군 안양면 율산리 앞 바다 해안을 부르는 이름. 이곳에 넓은 개펄이 펼쳐져 있다.

지금 썩어가고 있다
내가 안주할 그곳이 병들어 가고 있다

그럼에도 여기에 나 몸뚱아리 깊이 묻히고
갯지렁이 되어 미로 속을 오래도록 헤집고 다닐 것이다
또 다른 내 자궁의 진정한 자유를 위해

정남진 바다, 안양면 율산리 여다지

그리움만 얹히고
−정남진 바다 2

바람 한 점으로 누워

부단히 속살 헹구며

님 기다리는가

갯바위에 찔려도 아픈 줄 모르고

모래톱에 스미어도 줄지도 않는 건

님 그리움이 커서인가

네 부드러운 속살 만지며

모든 걸 까맣게 잊고 싶었다

아늑하기만 한 네 품안에서

아픔도 묻어버리고

불치병 되어버린 그리움도 쏟아버리고

죄 잊고자 했다

정남진 바다. 안양면 사촌리

너를 껴안고 달려드는 갯바람 맞으며
빈 가슴에 거듭 술을 쏟아 붓고
그 술잔만큼 앙금 게워내지만
정체모를 그리움 하나
가슴에 얹히고 마는구나

정남진 바다. 안양면 수문리

파도의 사랑법
―정남진 바다 3

파도의 사랑이 영원한 것은

하루에도 수천, 수만 번씩 죽고 다시 살면서

생사초월을 거듭하기 때문이다

파도가 하얀 손으로

부드럽게 만지고 또는 거칠게 땅을 두드리는 것은

사랑하는 자를 찾는 사랑법이기 때문이다

파도의 사랑이 서러운 것은

간절히 기다려온 사랑을 만날 수 없다는 절망 때문이다

하여 때로는 몸부림치며

세상이 자지러지듯 서럽게, 서럽게 울부짖는 것이다

그럼에도 파도는 어제도 그러했고

오늘도 내일도 사랑을 기다린다

제 몸부림을 멈추게 할 자기사랑을

해변의 달밤
―정남진 바다 4

바다 위 둥그렇게 뜬 달

바람난 여편네 되어 은빛 옷 차려입고

미끌미끌 춤사위 펼친다

지친 달빛은

득량섬*으로 느릿느릿 숨어들고

여태 기운 넘친 달빛은 산 같은 그리움 껴안고

갈 곳 찾아 바다 위를 후이후이 배회한다

해변에서 몇 시간째인 술잔에

그리움 껴안은 달빛이 스멀스멀 스며들고

나는 몰랑몰랑해진 익은 달까지 삼킨다

달을 토해내자 그리움도 통통 튀어 나온다

달도, 그리움도 끝도 없이 토해지니

그리움은 기어코 내 몸을 칭칭 휘감고

나는 그리움에 묻혀

꼬르륵꼬르륵 사라져간다

---

* 득량섬: 고흥군 도양읍에 속하는 섬으로 장흥군 수문포 앞바다 건너편에 있다. 장흥군의 남해바다는 모두 청정해역으로 득량만으로 불린다. 조선시대 장흥부에 속한 목장이 있었고, 이순신 장군이 임진란을 맞아 이곳에서 식량을 얻었다고 해서 득량도로 불리게 되었다.

정남진 바다. 회진면 노력도

갈매기가 비상하는 이유
-정남진 바다 5

갈매기가 바닷가에서 사는 것은

그곳이 가장 살기 좋은 곳이어서가 아니다

바닷가는 고향이기 때문이고

그 고향을 너무 사랑하기 때문이다

갈매기가 높이 비상하는 것은
가장 멀리 볼 수 있어서가 아니다
바다를 벗어나 살 수 없는 자기운명에 도전하는
유일한 길이라고 생각하기 때문이다

정남진 바다. 관산읍 고마리

겨울 포구로 가리라
−정남진 바다 6

기력이 쇠진해지고

의식마저 피폐해지면

겨울 포구로 가리라

내 삶에 파산 선고 내리고

빈 마음으로 허허로이

아무도 찾지 않은 빈 모래밭을 거닐며

풍장해도 좋을 매운 칼바람으로 몸뚱아리 얼리고

주점에서 소주를 들이붓고 선창가 모퉁이에 주저앉아

윗 속의 술을 다 토하고, 내장까지 토해내고

가슴 저 밑바닥에 웅크린 마지막 그리움도 죄다

꺼이꺼이 토해내고 송두리째 비우리라

몸도, 넋도 놓아버리고

바다만을 보며 그렇게 지내보리라

정남진 바다. 안양면 사촌리 여다지

수문포구에서
―정남진 바다 7

반도 땅의 기운을 한 곳으로 모으며
겨울잠에서 깨어나고 있는
남도의 끝 수문포 바다
정갈한 노을이 깔리며
가슴 저 밑바닥에 잠들어 있는
아득한 그리움을 일깨우니
노을빛이 반사되는 바다 위에
떠오르는 그리운 이의 얼굴

하나 둘 상실되어가는 꿈일지라도
그 꿈마저 놓칠 수 없다는 듯
그 꿈의 끄트머리를 붙들어 매고
정박해 있는 낡고 녹슨 어선들
북녘 땅 어디선가 내려왔을 뱃전에
맥 놓고 뱃전에 내려앉은
외로운 물새 한 마리
그 모든 것들을 품안에 껴안은 바다도
누군가를 기다리 듯
푸른 빛 눈매를 희번득이니

일상을 바다에 풀어놓고

매운 바람결에 몸을 실어

바다 노을 속으로

풍덩 빠져든다

정남진 바다. 안양면 수문리

바람의 사랑
―대숲1

숭숭 뚫린 하늘 우러르고
바람 따라 흘러드는 그리움 잠시 담았다
바람 따라 그리움 다시 흘러 보내고
제 몸뚱아리 비우며
하늘 한쪽 쓸어내리는 일로
하루해를 보내는 대나무

나이 감추느라 나이테 없이
마디마디 테 두르고
발끝에서 꼭지까지 초록으로 분장하고

장흥의 대숲. 장흥읍 평화리

고고하게 밑도 옆도 바라보지 않고
오로지 위쪽만 향하는
그 자존 때문에
머무는 사랑도 없다

늘 바람 불러 보아도
하늘 끝까지 솟구쳐 보아도
찾아오는 건
늘 스쳐 지나가는
바람 같은 사랑뿐이다

그러나 어찌하랴
그 사랑이 숙명인 것을

죽순의 사랑
―대숲2

베어지고

꺾어지고

짓밟혀온 한은

마디마디 차곡차곡 가두어 담고

설움으로 흘린 피눈물은

알알이 붉은 뿌리에 채우더니

속살은 봉긋봉긋 여물고

단단한 뿌리는 사방에 새끼치고

꿈은 하늘로만 치솟아

네 사랑 기어코 네 해만에

땅심 뚫고 솟구쳤구나

세상에 눈 뜬 순간부터

오로지 하늘빛만 우러르고

몇날며칠 된바람에도 꿋꿋해지며

마음을 죄 털고 털어내더니

한세월 청 빛으로 빛날

지조의 사랑 키워냈구나

한평생 변함없을

너의 곧은 사랑이

개화開花의 부푼 꿈 따라

무더기로 피어나니

너의 사랑

뿌리로부터 환생했구나

천년도 푸르러질

늘 푸른 사랑으로

장흥의 대숲, 장흥읍 평화리

장흥의 대숲. 장흥읍 평화리

달밤 대숲에서
−대숲3

달빛이 창가로 흘러들며 귓가에 소곤거린다

뒤곁 대숲 바람은 정체모를 그리움을 몰고 온다

대숲으로 들어가니 바람은 간 데 온 데 없고 시퍼런 어둠이 팔 벌리고 껴안아 준다

콧날이 시큰해진다

그리움은 거기 똬리 틀고 바람을 죽이고 있었다

대숲을 나오자 바람이 등 뒤로 달라붙고 바람 꼭지에는 그리움이 달라붙는다

발 밑에 머물던 달빛 하나 튀어 올라 귓가에 소곤거린다

네가 죽어야 바람도 죽고 그리움도 죽는다, 고

대숲은 바람에게 맞아 퍼렇게 멍든 몸뚱이를 신나듯 뒤흔들었다

대숲이 울다
—대숲4

세상이 잠든 시각
대숲에서 바람 한 점 일어선다
잇달아 두 점, 세 점…수없이 일어선다
대숲은 끝없이 바람을 낳고
대숲을 꽉 채운 바람은
대숲을 빠져나와 들녘으로 달아나며
한바탕 세상을 뒤흔든다

대숲은 끄으끄으 앓는다
비가 몰려오며 꺼억꺼억
통울음을 끝없이 토해낸다
산후통이 아니다
낳기만 하면 달아나버리는
되돌아왔다 다시 횡 떠나버리는
무심한 바람 때문이다

바람이 다시 한 점으로 잠들며
비도 멈추고 대숲 울음도 그친다
세상도 비로소 태초의 시간으로 돌아 간다

대숲도 다시 바람을 낳기 위해
깊은 잠에 빠져 든다

바람은 이렇게 태어나고
다시 죽어가고 다시 태어난다
끝없는 생명으로

장흥의 대숲, 장흥읍 평화리

대가 늘 푸른 것은
−대숲5

대나무 허리가 꼿꼿한 것은

딴눈 팔지 않고 오로지

하늘만을 그리는 염원 때문이다

대나무가 속이 빈 것은

자기 속을 비워 더 큰

사랑을 채우려는 지혜 때문이다

대나무가 늘 푸른 것은

한 줄기에서 뿌리가 갈라져 나와

온몸이 푸르게 멍들만큼

평생 몸싸움 해대며

서로 갈망하기 때문이다

장흥의 대숲, 장흥읍 평화리

평화리 대숲
−대숲6

평화리 대숲*의

목숨이 질긴 것은 恨이 많아서이다

베고 또 베어내도 땅 속 뿌리째 파내지 않는 한

다시 자라난다

평화리 대숲은 한 세기도 넘게

땅 속으로만 뿌리를 내렸다

동학난 제 몸뚱이 베어져

죽창이 되고 닭장태** 되어

왜총과 맞서다 동학군 장렬히 흘린 피

석대들*** 뒤덮고 예양천**** 붉게 물들여

자신이 한없이 부끄러워

땅 속으로만 숨어들었다

---

* 평화리 대숲 : 장흥읍 평화리 억불산 기슭에 5ha에 걸쳐 조성되어 있는 대숲.
** 닭장태 : 동학혁명 때 장흥 접주 이방언 장군은 대나무로 원형 닭집처럼 생긴 닭장태를 고안해, 장성 황룡강 전투에서 승리를 거두었다. 1894년 12월 5일~17일, 장흥의 석대들에서 동학 최후의 격전이 치러진다.
*** 석대들 : 동학 최후의 격전이 치러진 들판. 당시 동학군은 3만여 명이었고, 이 최후의 격전에서 2천여 명이 사망했다.
**** 예양천 : 탐진강의 옛 이름, 당시 이름은 예양강이었다. 석대들을 감싸고 흐르고 있다.

평화리 대숲의 목숨이 질긴 것은

이젠 왜총을 이겨낼 수 있는

몸뚱이 만들고자

땅속 기운 받으며

땅 속에서 견뎌 온

한 맺힌 세월 때문이다

대의 증언은 끝나지 않았다
―대숲7

바람 한 점 없어도

대숲에는 소리가 있다

그 소리 여태

잠들어 있을 뿐이다

죽창처럼 날선 역사의 뒷길을

바람처럼 흘려보낸 긴 세월의 아픈 허무를

증언하는 푸르른 소리

장흥의 대숲. 장흥읍 평화리

소리의 냄새만 바람에 실려 흘려보낼 뿐

그 소리 여태 가슴 깊이 잠들어 있음은

아픔이 아직은 살이 되지 않아서이다

대숲은 아직도 보이지 않는 소리 모아

가슴 깊이 꼭꼭 여며두고 있을 뿐

아픔을 키우고 있다

그 아픔 터질 듯 커져

대숲을 벗어나는 날

대숲은 피 흘리며 죽어가리라

제 소명은 그 아픔의 증언이므로

대숲에 눕다
−대숲8

너 유골을 파내 불에 태우고 항아리에 담아

뒤란 대숲 모퉁이에 묻으니

자식 먼저 보낸 애비가 받는 죄업이 참으로 온당하구나

지구별은 네가 그토록 좋아하던 초하이니 그나마 다행 아니냐

묘혈을 파 너를 묻고 너 옆에 눕는다

이국의 전장으로 떠난 자식의 군번줄만 손아귀에 끌어 쥐며 평생 한숨짓는 이도 있으니 내 곁에 너 다시 누이고 내가 이리 지킴은 다행 아니냐

대숲은 말이 없지만 하늘로 향한 그들의 힘겨운 투쟁을 보노라니 안으로 갈무리했던 상처가 도지는구나

사람도 찾지 않아 버려진 잡초 같은 후미진 삶이고

하여 더욱 하늘로만 치솟으니 그 외로움이야 어찌 가실 날이 있겠느냐

한숨 자고 눈 뜨니 기운이 차오르는구나

너가 남기고 간 기운이냐, 대숲이 떨구어준 기운이냐

이제 훌훌 털고 일어나 가슴 깊이 꽁꽁 여며 놓았던 그리움도 다 터뜨려야겠다

너 뒤이어 엄마 보내고 꼭꼭 처매어놓았던 상처도 어기차게 터뜨려야겠다

모든 기도를 모아 하늘로만 오르는 대숲의 그 순정도 체휼하고 단 한 번 꽃피우고 숨을 거두는 그 뜨거운 열정을 닮으리라

어찌하여 내 죄가 갈수록 무거워지더라도 너 별에서 다시 만나는 날

연옥 불의 형벌을 받더라도 환하게 웃을 수 있도록
이제 너의 삶, 나의 삶을 증거해 가리라

장흥의 대숲, 장흥읍 평화리

팔월 보름달
–달1

이 날은
천지에 달이 넘쳐났다

어무니가 우물에서 퍼 올린 달은
불그레한 낯빛으로 허허 웃는
사랑채 할아부지 술잔에서 키득거렸고
공동우물에서 아낙들이 길어 올린 달은
사람들 가슴에 들어앉아
사람들은 죄다 붕붕 떠 다녔다

동그랗게 가지를 피어올린 사장 밑에서
매구치는 징이며 북이며 꽹과리며 소구에도
어른들의 신명난 춤사위에도 들어앉아
미친바람을 불어 넣었고
동 회관 앞마당에서 강강수울래 하며
흐드러지게 춤추는 처녀들 저고리 밑으로 숨어들어
처녀들 몸을 뜨겁게 불살랐다

이날 마을로 내려온 달은

마을 곳곳을 휘젓고 걸어 다녔고
사람들은 그 달을 먹고 마시고
달의 혼령으로 춤추고 노래하고
밤새 헐떡거렸다

지금은 누가 찾지도 않고
마을로 내려와도 반겨줄 사람도 없다
홀로 외로이 떠 있을 뿐

뻘건 달

-달2

달덩이 닮은 삼식이가
순희를 상여집서 덮치던 달 밤
순희 얼굴은 뻘개졌고
나는 주머니에 송곳을 넣고 다녔지만
매번 허연 달만 쿡쿡 찔러대
어깨쭉지에 몽울이 서곤 했다

첫 직장에 후배가 내 자리
밀치고 들어오던 날
허여멀쑥한 달덩이 사장 면전에
송곳을 꽂아 놓고 직장을 나왔다
달덩이 생각하면 헛구역질하고
달덩이 찌르기를 열망하며
뻘건 달덩이를 소원한 것은
그날부터였다

번번이 직장 옮기는 내게
귀 아프게 하는 말이

둥글게 사는 게 순리란다

세상도 둥글고
모난 놈은 정 맞고
둥근 놈들이 판치는 세상

둥글지도 못하고
달덩이도 찌르지 못해
내 몸 스스로 송곳질해 와
내 가슴 속에는
지금도 뻘건 달덩이 하나가
살고 있다

억불산. 장흥읍 우산리

달밤에
−달3

자정 무렵
세상은 적막하고
흐드러진 달빛이 유혹하고
대숲바람도 방을 노크한다

홀로 마신 술기운은
아래로 아래로 뻗혀
아랫도리 일으켜 세우고
비틀거리며 밖으로 나서니
하늘 아래 세상은
달빛 그물에 갇혔구나

달빛 몇 짐 짊어진 채
숨 가쁘게 산을 타오르는 편백나무들
내 그리움도 실어 보낸다
내 몸뚱이 달빛 그물에 갇혀
푹푹 빠지다 꼬구라지고 만다

산이 무너져 내린다

하늘이 무너져 내린다

내 그리움도 무너져 내린다

소나무 사랑

대나무처럼 허리만 곧추세울 일도
잡목처럼 몸뚱이 넓힐 일도 없었다
허리를 관통하며 머리까지 치솟는
땅의 기운에 겨워
온몸이 푸르게 멍들도록
흐느적거리는 춤으로
천년을 지켜 온 사랑이었다

세상을 비웃지도 않았다
땅을 외면하지도 않았다
하늘을 경시하지도 않았다
오로지 땅 속 깊이 발 뿌리 처박고
휘적휘적 팔을 벌려 땅을 굽어보고
머리로는 하늘을 우러르고
가슴에 천년풍상을 잠재우며
갈무리 온 사랑이었다.

이제도 그 사랑
홀로 청청히 빛나지만

억불산 소나무. 장흥읍 평화리

오로지 북극성만 굽어본다

보리

그 시절 삼동三冬엔 그 너른 벌을 일렁이던 푸른 바다가 있었지
동짓날이나 입춘 무렵이면 그 너른 벌판으로 동원되어 꽁꽁 언 손을 호호 불며 왼종일 보리 밟던 시절이 있었지
그 시절엔 보리밭 이랑에서 꼴망태를 채우고 종달이 알 줍고 보리피리 불며 누릿누릿해진 보리를 꼬실러 먹곤 했지
누우렇게 익어 추수할 때면 아비 입가엔 흐뭇한 웃음 열리고, 아이들은 보릿단 흥짐으로 등짝에 숨어들어간 보릿가시로 잠을 설쳐대곤 했지
한 여름엔 온 식구 모여앉아 양푼 채 보리밥 비벼 배터지게 먹던 시절이 있었지
여름 장맛비 질척이던 때면 어미는 한 소쿠러가득 보리개떡 만들고 아비가 한두 개 먹고 슬쩍 자리 뜨면 형제끼리 한 입에 하나씩 집어넣으며 보리개떡 빼앗기 싸움 벌이곤 했지

아, 지금은 그 시절, 그 보리, 그 낭만, 그 가난은 없다
온 데 간 데 사라지고 없다

보리밭. 장흥군 부사면 내안리

귀족호도

 절로 돌처럼
단단해 질 리 없다
천년 세월을 담았다
천년 태양빛도 견뎌냈다
천년 달빛과 천년 별빛도 삼켰다
천년 비바람도 맞았다
천년 사람들 눈물과
천년 손때도 먹었다

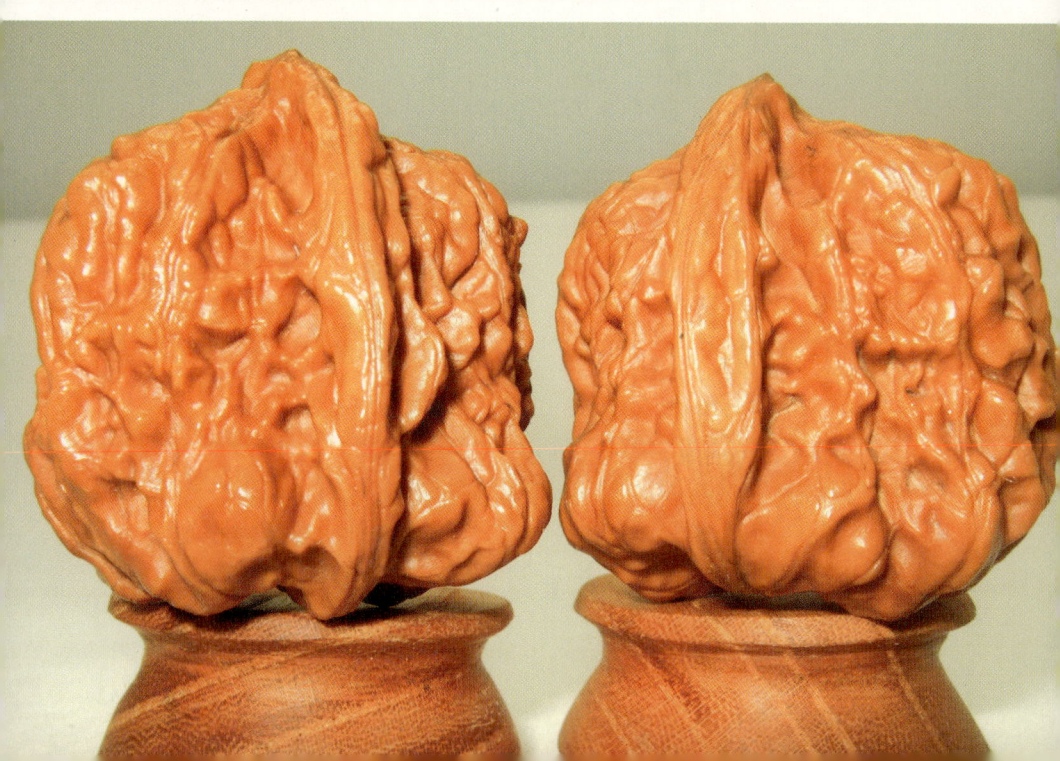

다만, 천년 세월 속을 비우고 비워

돌처럼 단단해진 사랑 얻어

지구별에서 유일한

귀족이란 이름 얻었느니라

여인의 향기

어무니 젖무덤에 코 박고
혼곤히 잠들던 때가 언제까지였을까
또 어무니 젖무덤을 피하던 때는

아내와 맨살 부딪치며 잠이 들고
아내 맨살로부터 도망 나오던 때는 또 언제부터였을까
이제, 홀로 잠들며 그녀 살 내음을 그리워한다
만취해 밤새 젖무덤을 괴롭히고
마냥 품어주던 어무니 손길이던 그녀의 살 내음을

내 삶의 절반을 늘 혼곤히 취하게 했던
그 향기가 그리워진다

정남진 바다 일출. 용산면 남포리

밤안개

구름이 되지 못해 하늘에
오르지도 못 한다
비가 되지 못해 땅에
내리지도 못 한다
힘이 없어 산등성이
오르지도 못 한다
산기슭만 오르내리며
뭉그적거릴 뿐이다

어둠 속에 면벽에 들어선
산 아랫도리만 밤새 애무하고
불끈 선 벌건 적송 밑둥만
타오르고 또 타오르다 지쳐
맥이 풀려 땅바닥에 주저앉는다

먼동이 트고
바람 한 줄기 출렁
온산을 뒤척이자
마지막 남은 속살 한 올까지

풀고 풀어낸다

이슬 한 방울로 남아질 때까지

억불산. 장흥읍 평화리

혼의 눈물
―비1

종일 비가 내린다
가늘게 비도 아닌 듯
끊어졌다 이어지며

살아있는 것들만이
비에 젖는다

그리움을 아는 사람들만이
가슴이 무너진다

정남진 바다. 회진면 노력도

잊혀졌다 살아나며

가슴을 적시고 저 깊이 잠든 내 혼까지

혼곤히 적시니 내 혼이

무너지고 있다

비는 불쌍한 내 혼의

눈물이다

폭우
―비2

맘껏 퍼붓는다
온 땅을 빗물로 휩쓸기라도 하듯
우레로 휘저으며 바람도 죽이고
제 홀로 당당히 퍼붓는다

하늘은 땅과 맞대며 생겨난 곳
땅의 오염이 하늘도 오염시켰는가
땅에 뿌린 사람의 욕심이
하늘에 닿아 하늘도 욕심의 기가 넘쳐
먹구름 되어 모두 쏟아내리는가
막힌 봇물 터져 내리듯
오래도록 응어리진 것들이 터져
폭우로 쏟아지는가
이 땅을 첩첩이 에워싸며
찰장같이 갇힌 마음을 허물어뜨리기 위해
폭우로 쏟아지는가

폭우야, 폭우야,
더 더욱 기세 좋게 쏟아져라

남북 간에, 동서 간에, 정파 간에, 노사 간에

갈라지고 닫혀진 마을들을

다 쓸어버리도록 퍼부어라

네 힘이 미치지 못하면

태풍을 부르고 해일도 불러 모아

꽁꽁 닫혀진 마음들을

모두 쓸어버려라

어둠이 지나 새 날이 오면

새 기운 솟아오르듯

닫혀진 마음들이 쓸려가 버린 자리에

태초의 마음 하나 유유히 흐를지니

보리밭. 장흥군 안양면 죽교리

봄비는
-비3

긴 잠에서 깨어나

맨몸으로 자위하던 대지는

봄비 끌어안고 섹스한다

새싹들도 알몸으로

교태스레 오르가즘하고

나무들은 줄기마다 피돌기 넘쳐 벌게지고

녹초들도 번들거리며 춤 춘다

이 세상은 생명 잉태의 축제 판

봄비는 축복으로

강림한다

여자
−안평의 여자*

춤추며 노래한다

한스런 춤사위가 화려한 꽃으로 피어난다

부귀영화의 밑자락에서 층층구조의

암투가 난무하는 구중심처 꽃으로 피어나는 궁녀들의 슬픔이 있다

님의 품에 안기는 꿈을 꾸지만 꽃이 지니 나비 찾지 않듯 꽃이 지니 님도 사라진다

님의 손길을 꿈꾸는 가녀린 꽃들의 깊은 갈증은 깊은 한이 되어 스러지는가

님의 눈길에 가슴이 파르르 떨리며 찬란한 꽃망울 터뜨리던 일은 하루하루 비켜가는 세월에 머언 추억이 되고 암투의 소용돌이에 꽃들도 난분분 스러진다

운명처럼 찾아온 사랑, 푸른 벌판을 달리는 야생마 되고 푸른 하늘을 나는 나비되자던 꿈은 무릉에서 한 송이 도화로 만나고 도화 끝에 머문 바람으로 만나는가

---

* 2012.8.5일부터 12일까지 국립극장 달오름극장서 공연된 가무악극 '몽유도원도'에서 안평대군을 사랑하는 궁녀 운영. 운영은 수양대군이 보낸 자객 곤과 사랑에 빠져 격정에 빠진다. 그러나 수양이 안평을 해치려는 위기의 순간에 안평 대신 운영이 칼을 맞고 쓰러진다.

억불산. 장흥읍 평화리

무릉을 그리던 꽃이 恨한의 춤을 춘다
꿈에 나서 꿈에 살고 꿈에 스러지는 운명, 영원히 스러지지 않는 꽃의 꿈을 그리며

자궁이 신음한다
―子宮 비가 1

'이 땅에는 진실도 없고 인애도 없고 하나님을 아는 지식도 없고 오직 저주와 속임과 살인과 도둑질과 간음뿐이요 포악하여 피가 피를 뒤이음이라. 그러므로 이 땅이 슬퍼하며 거기 사는 자와 들짐승과 공중에 나는 새가 다 쇠잔할 것이요 바다의 고기도 없어지리라' *

흙에서 와 흙으로 가는 인생
'사람의 태어남은 흙에 떨어지는 것'이라 했으니 **
흙은 인간의 자궁
땅은 지구별의 자궁
자궁이 신음하고 있다
토양은 부패되어가고
들판은 파헤쳐지고
산허리는 잘리우고
땅의 氣기는 파괴당하고 있다

하늘과 맞서려는 신형 바벨탑이
여기저기 우후죽순 일어서고

---
* 도연명의 시 중에 '落地爲兄弟 何必骨肉親(세상에 나와 형 아우 하는 것이 어찌 친척만의 일이겠는가)'하는 대목에 나오는 말이다.
** 구약성서 호세아 4장 1절~4절

산과 들은 강이 되고

옥토는 난벌로 사막이 되며

땅의 기운이 쇠잔해지고 있다

자궁이 피 토하며 부르짖고 있다

인간들아, 그만 나를 괴롭히라, 고

사랑은 구형이다 1

사랑은 구형이다 2

철길처럼

별처럼

나의 하나뿐이다

둘이면서 하나이다

사랑 빛

그리운 것

홀로 있다는 건

사랑은 구형이다 1
-연가 1

너와 나의 사랑은

직선으로 시작하지만

사람과 세상과 연을 맺으며

직선은 곡선으로

곡선은 다시 원형을 이루며

원형은 또 다른 원형을 만나면서

구형을 만들어내니

사랑이 모든 존재의

탐진강 하류, 강진군 강진읍 학명리

이유가 되는 것도

인간의 삶이 사랑인 것도

모든 생명이 계대를 이으며 순환하는 것도

우주 운행이 영원한 것도

사랑이

구형이어서이다

사랑은 구형이다 2
-연가 2

하나 주면

하나를 받는 등식은 참사랑이 아니다

하나 주면 둘을 받고

둘을 주면 하나를 받는 등식도

참사랑이 아니다

참사랑은 하나 주면 백을 받을 수 있고

백을 받으면 하나를 받을 수 있는

부등식의 수수법授受法

참사랑은 퍼주고 또 퍼주어

전무全無가 되도록 퍼주는

주고 받는 단순 등식을 넘어

무량 분량無量分量으로 주고받는

부등식

탐진강. 장흥읍 탐진강 둔치

하여, 참사랑은 원형운동이 되고

원형운동은 다시 구형운동이 되면서

영속하게 되는 것이다

철길처럼
-연가 3

너와 나 반쪽으로 만나
둘이지만 하나이고
하나이지만 둘로 맺어진 인연

너 휘어지고 꺾어지면
나 휘어지고 꺾여지며
우리 삶이 멈추리니

가장 가까이에서
더는 멀어지지도 말고
앞서지도 뒤서지도 말고
넘어지고 멈추지도 말고

나 쓰러지면 너가 일으키고
너 멈추면 내 힘을 나누리니
마주보며 한 방향을 향하여
나란히 동행하리라

너와 나 둘이지만 한 몸이고

한 몸이지만 둘이 되고

한 몸은 아니되

둘이 한 몸처럼

우리 삶의 종착역까지

동행하리라

별처럼
−연가 4

별이 빛나는 것은
빛을 받아 되쏘아서가 아니다
사랑하고 있기 때문이다
사랑하므로 살아 있기 때문이다

사람은 죽으면
넋으로 피어나 별이 되고
모든 별들은
서로 사랑하므로 반짝인다

별이 빛나는 것은
밤하늘을 밝히기 위해서가 아니다
모든 사람들과 사랑을 나누기 위해서이다

길 잃은 사람에겐 길을 알려주고
꿈 잃은 사람에겐 꿈을 갖게 해주고
사랑 잃은 사람에겐 위로를
의욕 잃은 사람에겐 말씀을
전해주기 위해서이다

탐진강. 장흥읍 기양리 박림소

별이 하늘 높이 떠서
늘 변함없이 빛나는 것은
별의 사랑이 그만큼
크고 무량하기 때문이다

나의 하나뿐이다
-연가 5

내 그리움은 그대이다
어느 날 산기슭 밤새 머물렀던 안개가
아침이면 스러지듯
나는 안개처럼 잠시 머물렀다 가는 존재일지 모르지만
그대는 나의 모든 것

하여 그대는
무시로 절로
내 가슴에 스며들어 가슴앓이로 남아진다

나는 그대를 있는 그대로 받아들여

특별한 것이 아니기에

그대는 나의 모두이고

내 속에 남아지는

나의 하나뿐인 그리움이다

탐진강. 강진군 군동면 장산리

둘이면서 하나이다
—연가 6

그대와 나,
이젠 우리는 미지의 길 앞에 섰습니다

우리는 모릅니다
감미로운 훈풍이 불어올지
감당할 수 없는 폭풍이 몰려올지
그러나 훈풍이라면 함께 웃고
폭풍이라면 함께 하는 힘으로 헤쳐 나갈
둘이 아닌 하나이기에 두려움이 없습니다

어디에서 와 어디로 가는 지도
언제 멈출 지도 모르는
불투명한 길이지만,
두려움이 없음은
마주 잡은 우리 손 때문입니다

그대와 나,
둘이지만 하나이고
하나이지만 늘 마주보는

둘입니다

탐진강 갈대. 강진군 군동면 호계리

사랑 빛
−연가 7

별이 푸르게 빛나는 것은

별빛이 수도 없이 돌고 돌며 굽어 오느라

다친 푸른 멍 때문이다

하늘은 끝이 없어 구형이고

하늘이 파란 것은 하늘을 온통 메우는 것이

푸른 지구별의 온 넋들이어서이다

사랑이 알파요 오메가이듯

사랑이 영원한 것은

사랑도 구형이고

사랑 빛도 파래서이다

그러나 지구별이 병들어 죽어 가면

파랑도 사랑 빛도 사그라지며

사랑도 종래는 멸하리라

그리운 것
−연가 8

그리운 것은
드러나지 않는다
밖으로 튀어나와 상처 입으며
사라지고 싶지 않아서이다

그리운 것이
도둑처럼 속으로만
파고드는 것은
누구에게도 들키고 싶지 않고
영원해지고 싶어서이다

그러나 그리운 것은
깊이 파고들다 병이 된다는 것
치유할 수 없는 병으로 커지면
떠날 수도 없다는 것을 모른다

그리움은 이미 병과
한 몸이 된 후이므로

설경. 장흥읍 평화리

홀로 있다는 건
-연가 9

홀로 있다는 건
외롭지만 슬픈 것은 아니다
밤하늘에 빛나는 별처럼
제 색깔로 빛낼 수 있다면

홀로 있는 자는
늘 눈물을 준비해야 한다
그림자만 따르는 제 모습에
절로 뿌려지는 눈물을
바람결에 흘러드는 님의 향기에 취해
절로 내뿜어지는 눈물을

홀로 있다는 건
외롭지만 슬픈 것은 아니다
홀로이어서 더 빛날 수 있다
하늘땅을 눈물로 바라볼 수 있는 아픔을
이겨낼 수 있다면

장흥댐. 장흥군 유치면 송정리

跋文

그리움,

그 하얀 신성의 앙금 혹은 피울음의 서정

—김선욱의 시집 '강은 그리움으로 흐른다'를 위하여

한승원/시인 · 소설가

　그의 시는 쓴 시라기보다는 쓰인 시이다. 제작의도를 가진 시가 아니라 무슨 에너지에 의해 자기도 모르는 사이에 움터난(써진) 시인 것이다. 그의 시는 그리움이라는 에너지를 먹고 자라고 그 에너지에 의해 써진 것이다. 그리움은 사랑하는 사람이 옆에 있어도 소름처럼 전율처럼 움터나는 것인데, 만일 사랑이 멀리 떠나고 없을 때는 더욱 무성하게 움터나는 것이다. 그의 시는 그리움에 의해서 버섯처럼 돋아난다. 그리움은 사랑을 먹고 사는데, 사랑이 고갈되면 미친 듯이 갈구하며 슬피 울어댈 수밖에 없다.

　날개 없어 그대에게 이르지 못한다
　형체 없어 소리로조차 닿을 데가 없다

가시나무새처럼 그리움이 사무쳐

　　가슴 미어터져 선혈이 낭자해지면

　　하마 그대에게 닿으려나

　　일생에 단 한번 꽃 피우고 죽는 대나무처럼

　　그리움에 겨워 허옇게 죽음 꽃을 피우면

　　하마 그대에게 닿으려나

　　　　　　　　　　　　　　　　　ㅡ〈닿을 수 없다〉의 전문

　　초겨울의 어느 오후, 김선욱 시인에게서 전화가 걸려왔다. 찾아뵙고 드릴 말씀이 있다는 것이었다. 그는 포도주 몇 병을 사들고 와서 두툼한 봉투를 들이밀었다. 봉투 속에는 백 편의 시들이 들어 있었다.

　　삼십대 초반의 내가 광주의 한 중고등학교에 국어교사로 재직했을 때, 문예반을 맡아 가르치면서 '교지' 발간 지도를 했는데, 그때 고2였던 그는 문예반이었고, 원고지 60장 분량의 단편소설을 응모했고, 나는 그 내용이 하도 기특하여 기꺼이 실어주었었다. 고등학생으로서 그만한 소설을 쓴다는 것은 놀라운 일이 아닐 수 없었다. 그는 대단한 문학의 영재로, 당시 광주에서 열리는 백일장들에서 장원을 휩쓸어오곤 했다. 과연 그는 훗날 한 중앙지의 신춘문예 중편소설 모집에 응모하여 당당히 당선의 영예를 안음으로써 소설가가 되었다. 한데 장흥에서 신문 제작을 하고 있는 그가 시집 원고를 나에게 들이민 것이다.

 내가 보기로, 김선욱 시인은 한 마디로 차갑거나 말끔하지 않고 털털한 사람이다. 말끔하다는 것은 깨끗하지만 냉혈한 데가 있다는 것이고, 털털하다는 것은 수수하고, 소박 소탈 고졸하면서도 온후하다는 뜻이다. 그는 꾸밈도 없고, 내숭도 없고, 함부로 나서려 하지도 않고, 말을 할 때면 곧잘 어색해하고 수줍어한다.

 한 달음에 그의 시를 읽었다. 한 마디로 말을 한다면 그의 시는 초혼의 축문, 혹은 피울음 같은 그리움의 꽃망울들이다.

  소리 없는 바람으로 일어나
  가슴으로 도둑처럼 스며들어
  서늘한 아픔을 남겨주는 것

  즈믄 밤 달빛으로 내려와
  몸뚱이를 내리 꿰뚫으며
  몸속의 기운을 샅샅이 훑어가는 것

  때로 차라리 심연의 해저에
  무덤 쓰고 널 속에 갇혀 들어가
  침묵의 깊은 잠 속에 빠져들고 싶은

비원을 일으키는 것

-〈정체1〉 전문

'정체1'을 읽으면서 나는 생각했다. 아, 이 사람 지금 혼자 살고 있지. 그래, 얼마 전에 아내를 먼 나라로 떠나보냈지.

그의 시편들은 하나 같이 초혼의 슬픈 축문이었다. 시들을 깊이 읽어보니, 그는 혼자 살고 있지만 혼자 살고 있지 않다. 그의 섬세한 감각의 결 무늬 사이사이에는 사랑하는 이의 혼령이 하얀 앙금처럼 앉아 있다. 그는 그 혼령의 감각으로 보고 듣고 느낀다. 자기만의 절대고독 속에 살고 있지만 그 혼령은 그를 그 절대고독 속에 홀로 풀어놓아주지 않는다. 그는 늘 순간순간 초혼을 하고, 그 혼령과 함께 어우러져 산다. 사실은 그것이 영혼의 슬픈 피울음일 터이지만 그것은 한 편 한 편의 보석 같은 시로 결정되고, 흥얼거리는 노래로 승화되고 있다.

시인 김선욱은 시를 써서 외로운 것인가, 외로워서 시를 쓰는 것인가. 그는 외로워서 초혼을 하는 것인가, 초혼을 하기 위해서 외로운 것인가. 늘 초혼을 하여 함께 사는 까닭으로 외롭지 않는 것인가. 외롭지 않은 척하는 것인가. 애처롭고 또 애처로워, 나는 이 글을 쓰는 동안 내내 목이 멘다.

옛 친구 메시지 몇 자에
들바람처럼 내게로 다가온 그대

종일 불쑥불쑥 튀어나오고

가슴을 들쑤셔댄다

세월 속에 형체 없이 묻혀진 줄 알았다

시간 속에 먼지처럼 사라진 줄 알았다

눈 감아도 여리게 스며들어

망막 저편에서 어른거리는 불빛처럼

내 몸 맘 굳게 닫혔는데도

그대, 내 속에서

빈틈 헤집으며 튀어 나왔구나

그대, 내 속 어딘가에 그렇게 숨죽이며

그렇게 여린 불씨로

잠들어 있구나.

-〈여린 불씨로 살아 있었다〉 전문

시인 김선욱에게 있어 그리움은 하나의 운명이고, 살아 있는 한 치유될 수 없는 고질병이다. 치열한 그리움은 그로 하여금 시시때때로 초혼을 하게 하고, 초혼한 채로 그 혼령과 함께 삶을 영위한다. 그의 그리움은 마침내 시라는 매개체를 통해, 혼령과 하나 되는 오르가즘에 이른다. 그런 의미에서 그의 그리움은 신화적인 신성을 가진다. 귀기가 느껴질 정도로 섬뜩해지고 전율 같은 슬픔으로 전해진다.

나 죽지 못한다
내 속에 그대 흔적
늪 되어 묻혀 있기에
벙어리 되어 숨 쉬기에

나 죽지 못한다
나 죽어 먼지처럼 사라지면
그대 갈 곳 없어 방황할 것이기에
그 누구도 그대 기억하지 못하기에

나 죽지 못한다
내가 살아야
그대 내속에 살기에

-〈죽지 못하는 이유〉 전문

처음부터 내 안에 있었다
빛이 쏟아지면 불쑥 나타나는 것이 아니었다
처음부터 내 속에 있었다
발가벗은 이브가 부끄러워

여호와의 빛 아래 숨었듯

빛이 다가오면 맞닥뜨리기 부끄러워

내 등 뒤로 숨은 것뿐이었다.

― 〈그림자〉의 일부

죽지 못하는 이유는 영원히 살아 있어야 하는 이유이다. 니코스 카잔차키스는 몸이 먹지 않는다는 것은 영혼을 길바닥에 팽개치는 것이라고 했다. 그는 영원히 살기 위해 먹을 것이다. 그가 초혼한 혼령은 그의 속에 들어 있으므로, 그녀는 그와 함께 영생을 할 것이다. 그녀가 그이고 그가 그녀이다. 한 시인이 어떤 한 대상을 자기 시의 발원지로 삼는다는 것은 슬픔이고 동시에 오르가즘 같은 환희이다. 〈우주를 꽉 채우며 흐르고/ 지구별도 틈 하나 없이 메우며 흐르는 것/ 암흑물질도, 에네르기도 아닌/ 내 그림자와 함께 몸 밖에도/ 가슴 저 깊이에도/ 차고 넘쳐흐르는 그리움이다〉(〈차생으로 가는 것〉 일부).

그의 삶은 늘 그의 속에 들어 있는 정체 그 자체인 그녀와 함께 한다. 그녀가 그에게 늘 시를 물어다 주어 시를 쓴다. 그녀에 대한 그리움은 그의 시의 우주적인 자궁이다. 그녀에게는 신성이 부여되고, 시인은 그 신성이 체화된다. 그리하여 시인이 바라본 모든 풍경은 시로 꽃 피어난다. 그가 바라본 풍경에는 잃어버린 사랑이라는, 그리하여 버섯처럼 움트난 그리움이라는 상처가 프리즘으로 작용한다. 그 프리즘에 의해 투영된 풍경에는 자연

신성이 서식하게 된다. 그리하여 그것은 신화가 된다.

    강은 그리움으로 흐른다
    긴 세월 하늘만 끌어안고
    님들이 뿌려놓고 간
    수천 년의 그리움 덩어리
    한 자락 한 자락 풀어헤치며

    강은 그리움의
    갈증으로 흐른다
    시간을 거슬러 돌고 돌아
    영겁의 시공에 잠든 말씀 깨워
    황폐해진 땅을 흠뻑 적실 그날을 기다리며.
                                -〈그리움으로 흐른다〉의 전문

    기력이 쇠해지고
    의식마저 피폐해지면
    겨울 포구로 가리라
    내 삶에 파산선고 내리고
    빈 마음으로 허허로이

아무도 찾지 않은 빈 모래밭을 거닐며

풍장해도 좋을 매운 칼바람으로 몸뚱아리 얼리고

주점에서 소주를 들이붓고 선창가 모퉁이에 주저앉아

위 속의 술을 다 토하고 내장까지 토해내고

가슴 저 밑바닥에 웅크린 마지막 그리움도 죄다

꺼이꺼이 토해내고 송두리째 비우리라

몸도 넋도 놓아버리고

바다만을 보며 그렇게 지내보리라.

― 〈겨울 포구로 가리라〉의 전문

 사람이 그리움과 절대고독의 막다른 골목에 이르면 이렇게 자기 파산선고를 하게 된다. 삶의 모든 것을 토악질하게 한다. 이 시는 시인 김선욱의 그리움과 절대고독이 잘 투영된 절창의 시이다. 김선욱 시인은 많은 수사와 기교를 동원하지 않는다. 엉너리와 언구럭과 수다를 모르고 정공법적인 직설적 시어들만 그 혼령이 물어다주는 대로 소탈하게 구사한다.

 나는 그의 시가 그의 고독을 구제해주기를 희망하고, 그의 시가 더욱 성스러워지기를 희망한다. 나의 이 한 토막의 헌사가 이 절대고독의 시인 김선욱의 삶을 위한 한 자락의 이불이 될 수 있으면 좋겠는데, 만일 잠자리 날개처럼 엉성한 망사 이불이라면 어찌할까.

그리움과 고독, 사랑에 대한 覺書각서
―김선욱의 〈강은 그리움으로 흐른다〉 시집을 읽고

성기조 /시인 · 문예비평가

1.

　김선욱의 시를 읽을 때마다 마음을 크게 뒤흔든다는 것을 느낀다. 물론 호라티우스가 그의 『詩論시론』에서 밝힌 대로 "시가 아름답기만 해서는 안 된다. 사람의 마음을 뒤흔들 필요가 있고 듣는 이의 영혼을 뜻대로 이끌어야 한다."고 말했지만 이 말을 상기하기 이전에 김선욱의 시에서는 사람의 마음을 뒤흔들기에 필요한 여러 가지 요소가 다분히 깔려 있다.

　그가 써낸 싯귀는 글자로 구성되어 있지만 그 한 줄의 싯귀에서 인간이 삶을 흡수하고 명확한 언어를 되찾아내는 작용을 하는 요소가 있다. 때문에 그의 시는 뜻으로 담아내려고 노력한다. 시가 뜻을 향해 가는 것이라면 마음 안에 있으면 뜻이 되고 말로 나타내면 시가 된다는 사실을 누구보다 잘 깨우친 사람이다.

　시는 우리들의 삶에서 "새벽을 엄습하는 어두운 그림자를 물리칠 수도 있고 죽음까지 이기는 기도로 대용될 수도 있다. 삶의 보람인 가장 순수한 사랑보다 어느 의미에서는 더 충족적이며 순수한 자각과 생명욕구의 가장 포

괄적인 발현일 수 있다."〈박두진, 시란 무엇인가에 대하여〉는 엄숙한 사실을 누구보다도 많이 깨달은 경지에 도달한 김선욱은 시가 자신의 삶에서 내적이며 더 구체적이며 더 현실적인 삶의 징표가 될 수 있다고 생각한다. 때문에 그는 구체적인 삶의 내용, 가장 가능한 아름다움의 세계가 '시의 세계'라고 인식한다.

김선욱의 이번 시집에서 쏟아낸 삶의 흔적은 그리움과 고독, 그리고 사랑에 관한 것들이었다. 그 위에다 죽음에 관한 몇 가지 명상들이 그림자처럼 따라 다니고 있어 눈길을 끌었다.

사랑과 그리움, 고독 따위는 누구나 가지고 있는 情感정감이지만 구체적으로 내면을 천착할만한 끈기를 가진 사람이 얼마 되지 않는다. 더욱 철학적 인식을 바탕으로 깊이 있게 살피려는 사람들은 오직 시인 밖에 없을 것이다.

김선욱은 이 점에 대한 깊은 인식과 의욕을 가진 시인으로서 꾸준히 공부한 사람으로 이 방면에서 특출한 세계를 구현해내는데 성공한 사람이다.

2.

그리움은 사모하는 정이고 보고 싶어 하는 마음이다. 사람에 따라 마음 씀씀이나 폭이 엄청나게 다르다.

아리스토텔레스는 그리움에 대하여 『니코마코스 倫理學윤리학』에서 다음과 같이 말하였다. "혼자 있을 때에도 상대를 그리워하여, 그 사람이 자기의 옆에 앉아 있는 그 때를 그리워해서 못 견디는 그러한 경우"에 한해서 사랑하고 있는 것을 알 수 있다고―. 그리움에 대한 해석치고는 싱겁다고 할 만

하지만 우리들의 마음을 움직이기엔 충분하다. 동양에서는 相思一念^{상사일}념, 오직 임 그리는 마음, 寤寐不忘^{오매불망}, 자나 깨나 잊지 못하는 일, 轉輾反側^{전전반측}, 임이 그리워 잠이 오지 않는 상태란 말로 그리움의 뜻을 정의하고 있다. 모두가 사랑하는 사람과의 관계를 나타낸다.

    처음부터 내 안에 있었다
    빛이 쏟아지면 불쑥 나타나는 것이 아니었다

    처음부터 내 속에 있었다
    발가벗은 이브가 부끄러워
    여호와의 빛 아래 숨었듯
    빛이 다가오면 맞닥뜨리기 부끄러워
    내 등 뒤로 숨은 것뿐이었다

    처음부터 나와 떼려야 뗄 수 없는
    나와 멀어져서는 존재할 수 없는 존재도
    내 속에 살고 있었다

    내가 그와 함께
    살 수밖에 없는 이유다

                                        -시 〈그림자〉 전문

그림자는 흔한 말이다. 햇빛이나 달빛 또는 불빛이 없으면 그림자는 생기지 않는다. 그림자는 다만 내 영상일 뿐, 그 실체는 아니다. 영원한 시간에서 보면 그림자는 잠깐이다.

"처음부터 내 안에 있었다/ 빛이 쏟아지면 불쑥 나타나는 것이 아니었다"라는 도입부에서도 알 수 있듯 김선욱은 그림자를 '내 안에' 가두고 살아왔다. "빛이 다가오면 맞닥뜨리기 부끄러워/ 내 등 뒤에 숨는 것뿐이었다"는 고백은 그림자와 함께 동거해 왔음을 고백한다.

이 시의 화자인 나와 내 속에 살고 있는 그림자 사이를 오가면서 적절한 대화로 시를 풀어 나간다.

"처음부터 나와 떼려야 뗄 수 없는/ 나와 떨어져서는 존재할 수 없는 존재로/ 내 속에 살고 있"는 그림자는 누구일까? 이미 죽어간 사람일 수도 있다. "빛이 쏟아지면 불쑥 나타나는 것이" 아닌 그림자는 "처음부터 내 속에 있었다"는 진술로 보아. '실체적 나'와 '그림자가 대신하는 나'로 구분하고 있지만 이 시는 전체적으로 훑어보면 그리움의 대상이 되는 사랑하는 사람이다. "처음부터 나와 떼려야 뗄 수 없는/ 나와 떨어져서는 존재할 수 없는 존재로/ 내 속에 살고 있었"던 사람이면 누구일까? 그 사람을 그리워하면서 "그와 함께/ 살 수밖에 없는 이유"였다면 김선욱은 이 사람 하나만을 그리워하면서 연작시를 계속 써 오고 있다.

차생으로 가는 건
내 영혼뿐이 아니다

우주를 꽉 채우며 흐르고

지구별도 틈 하나 없이 메우며 흐르는 것

암흑 물질도 에네르기도 아닌

내 그림자와 함께 몸 밖에도

가슴 저 깊이에도

차고 넘쳐흐르는

그리움이다

전생에서 내 몸 등짝에 엉켜 붙은 채

이생으로 뛰쳐나와 가슴앓이로 이생을 정리하고

다시 내 영혼과 함께 차생으로 떠나가는

내 생의 시작부터 여러 생을 함께 돌고 돌아

이제는 단단히 내 생애 뿌리 내린

어느 별에서

나 종생하면 함께 종생할

그리움이다.

—시〈차생으로 가는 것〉전문

사람의 삶을 전생과 이생, 차생으로 나누면 현재 살아 있는 세상에서 다음 세상으로 가는 게 '차생으로 가는 것'이다. 김선욱은 이승에서 죽어가는 것은 내 영혼뿐이 아니라고 말하면서 "가슴 저 깊이에도/ 차고 넘쳐흐르는/

그리움"이라고 외쳐댄다. 그 그리움은 우주를 꽉 채우고 지구별도 틈 하나 없이 메울 만큼 많다. 그러나 그 그리움은 암흑물질도 에네르기도 아닌 '내 그림자'와 함께 가슴 속 깊이 차고 넘친다.

내가 있는 곳, 어디든지 그리움이 있다는 김선욱은 그리움을 안고 사는 사람이다. 전생과 이생, 그리고 차생까지 삼생을 그리움 속에 살만큼, 그림자처럼 따라 붙는 그리움이라면 그 대상은 누구일까? "어느 별에서/ 나 종생하면 함께 종생할/ 그리움"은 바로 사랑하는 사람 단 한 사람이 아닐 수 없다.

이 시를 읽으면서 작자미상의 시조 한 수를 머리에 떠올렸다. "사랑 모여 불이 되어 가슴에 피어나고/ 肝腸간장 썩어 물이 되어 두 눈으로 솟는다/ 一身일신에 水火相侵수화상침하니 살 동 말 동 하여라"

3.

사람의 삶은 그리움과 고독이 교차하면서 생각을 풍부하게 만든다. 홀지고 외롭게 살아본 사람이라면 사람을 그리워한다. 더더욱 사랑하는 사람을 옆에 두고 산다면 얼마나 행복할 것인가? 정을 나누며 살아가는 것도 고독을 이겨내기 위한 방법이다. 아리스토텔레스마저 "고독을 사랑하는 자는 야수가 아니면 신이다."라고 말했다.

고독을 이겨내는 방범으로 그리움은 약이 된다. 그러나 인간에게는 적당한 고독감에 싸여 서성거릴 때가 자신을 위하여 깊이 성찰하는 기회를 갖게 한다.

우리들은 혼자서 이 세상으로 왔다가 혼자서 이 세상을 떠난다. 때문에 최악의 고독은 친구를 갖지 않는 것이라고 말한다. 그러나 홀로 살아가는 사람은 끝내 병이 나는 법, 고독을 이겨내고 그리움과 사랑을 껴안아야 한다.

B. A. W 러셀은 "인간의 영혼은 고독한 것이며 이 고독은 참을 수 없고, 오직 종교적 선구자들이 말하는 사랑과 그 사랑에서 오는 강렬한 감정만이 이 고독을 이겨 낼 수 있다. 어떠한 인간의 감정도 이 종교적인 사랑에서 부터 우러나지 않을 때는 有害유해한 것이며 설사 그렇지 않다 하더라도 無用무용한 것"이라고 말했다.

    갈대 서걱이는 강변
    투명한 하늘이 두 손에 쥐어지고
    누군가의 눈물이 배어 있는
    을씨년스러운 바람이 인다

    난데없이 밀려오는
    섹스 뒤 밀려오는 그것처럼
    온몸을 옥죄어 오는
    도무지 근원을 알 수 없는
    정체를 규명할 수 없는
    외로움

밑도 끝도 없는 공간에서
외톨이 된다

가슴이 터지려 한다
눈시울이 메어온다

아,
"이것 또한 지나가리라"

—시 〈이것 또한〉 전문

"이것 또한 지나가리라"는 유대교의 문헌에 나오는 설화인데 솔로몬왕의 명으로 반지 세공인이 반지에 새겨 넣은 글귀, Soon it shall also come to pass이다. 이 문장은 그 뒤, 랜터 윌슨 스미스의 시 'This, Too, Shall Pass Away'로 새롭게 표현되었으며 류시화의 시집 『사랑하라, 한 번도 상처받지 않은 것처럼』에 일부 내용이 번역되어 편집되어 있다.

이 시를 읽으면서 제목이 왜 그럴까 생각해 보았다. "이것 또한"이라면 김선욱이 믿고 있는 것은 무엇일까? 무엇이기에 "이것이 또한" 같거나 틀린다고 생각하는가? 궁금증은 여기에서 부터 시작된다.

"갈대 서걱이는 강변/ 투명한 하늘의 두 손에 쥐어지고/ 누군가의 눈물이 배어 있는/ 을씨년스러운 바람이 인다."는 첫 연을 읽으면 그 의미를 확연히 알 만하다. 고독이다. '갈대 서걱이는 강변', '눈물이 배어 있는 을씨년스러운 바람'이란 구절을 읽으면서 고독에 관한 김선욱의 절실함을 느끼지 못하다면 그 다음은 점점 알 수 없게 된다.

고독은 쓸쓸함과 외로움의 합작품이다. 우리의 정신세계에서 고독이 자라는 텃밭은 생각, 또는 사색, 명상을 통해서만 고독을 확보하게 된다. 그러나 맨 처음 그 쓸쓸한 생각이 점점 커가면서 외로운 감정을 느끼게 될 때, 고독은 우리의 속 안에서 쑥쑥 자란다. 그러나 아무리 단단한 고독이라 할지라도 우리는 고독하게만 존재할 수 없다는데 고민이 있다.

정체를 규명할 수 없는 외로움이 "난데없이 밀려" 오고 "도무지 근원을 알 수 없는 외로움이 다가와" 외톨이가 되어도 그치지 않는 고독과 외로움은 "가슴을 터지"게 만들고 "눈시울"을 적시게 한다. 김선욱의 이러한 진술은 많은 사람들의 가슴을 울린다.

그러나 마지막에 이르면 "이것 또한 지나가리라"고 스스로 위안을 찾는다. 김선욱의 가슴 속에 엉겨있는 외로움, 쓸쓸함, 그리고 고독이 지나가리라고 기대하는 단단한 마음을 알아야 한다. "이것 또한 지나가리라"의 이것은 바로 고독이기 때문이다.

4.

사랑은 사람을 고귀하게 할 뿐 아니라 사람답게 만든다. 때문에 많은 사람들은 사랑하면 현명해진다고 믿는다. 더구나 시인에게 있어서 사랑은 생명과도 같다. 사랑은 불길과도 같아서 그것을 알아차리기 전에 이미 마음을 태운다.

꽃이 피니

사랑 받는 게 아니다

사랑하니까 꽃이 핀다

하나님이 사랑으로

이 세상을 만들었듯

세상만물이 사랑으로 존재하듯

행복해서 사랑하는 게 아니다

사랑하니까 행복하듯

꽃은

사랑하니까 핀다

-시 〈사랑하니까 핀다〉 전문

    이 시의 키워드는 사랑과 행복이다. 사랑하니까 행복해지고 행복해지니까 꽃으로 축복받는다는 내용이 무리 없이 전개되었다. 헤르만 헤세는 "사랑이란 우리를 행복하게 하기 위해서 있는 것은 아닙니다. 사랑은 우리들의 고뇌와 인종 속에서 얼마만큼 강할 수 있는가 하는 것을 자기에게 보이기 위해서 있는 것"이라고 말했다.

    모든 사람들은 자신이 고뇌와 인종을 시험해 보기 위하여 사랑한다. 결코 행복해서 사랑하는 게 아니다. 때문에 사랑하니까 행복해진다는 김선욱의 진술은 자연스레 꽃으로 이어진다. 이 세상을 아름답게 만드는 꽃은 여기저기 줄기차게 피어난다. 큰 꽃, 작은 꽃, 짙은 향기를 뿜어내는 아름다운 꽃, 향기는 적지만 꽃이 아름다운 것들이 여기저기 피어난다.

사랑도 마찬가지이다. 자연계 속에 피어난 무수한 꽃이 사랑만큼 다양한 형태를 나타낸다. "하나님이 사랑으로/ 이 세상을 만들었듯/ 세상만물이 사랑으로 존재하듯/ 행복해서 사랑하는 게 아니다/ 사랑하니까 행복하듯// 꽃은/ 사랑하니까 핀다" 이 시를 읽으면서 사랑과 행복 그리고 꽃에 비유된 맑고 깨끗한 사랑을 가슴에 가득 느끼지 않을 사람이 있겠는가?

아프니까 참는다
네 곁에 있으므로

너 눈 뜨면 나 눈 뜨고
너 눈 감으면 나 눈 감으며
네 곁에 머문다

-(중략)

내 심장이 네 심장 뚫고 들어가
네 피 내 피 하나 되어 흐를 때까지

그리움과 고독, 사랑에 대한 覺書

죽어도 함께 죽고

살아도 함께 살리라

아프지만

사랑이므로 참는다

-시 〈사랑초, 아프지만 참는다〉 일부

사랑은 피와 심장을 먹고 자란다. 그리고 피와 심장은 열정과 용기를 생산한다. 하나 되는 사랑, 떨어질 수 없는 사랑을 표현할 때 피와 사랑은 자연스레 등장한다.

네 곁에 있으므로 아프지만 참는다는 절실한 고백은 네가 눈 뜨면 나도 눈뜨고, 너 눈 감으면 나도 눈 감는다. "밤마다 외로워/ 얼굴과 가슴이 엉켜 붙느라/ 속살 찢는 아픔도 짐짓 무시하고/ 날마다 심장 속에 돋는 가시/ 쿡쿡 찌르는 아픔도 부러 숨기고/ 화려하게 꽃을 피운다"는 대목에 이르면 꽃은 사랑의 상징이요, 결정이 된다.

네 피가 내 피가 되고 내 피가 네 피가 되어 흐를 때까지 죽어도 함께 죽고 살아도 함께 살리라는 절규는 김선욱만이 외칠 수 있는 절창이다. 이런 아픔, 이런 고통도 사랑이기 때문에 "아프지만/ 사랑이므로 참는다."

5.

땅내가 고소하다는 속담이 있다. 오래지 않아 죽어 땅에 묻히는 일을 이렇게 말한다. 이뿐인가. 대문 밖이 저승이란 말도 언제 죽을지 모른다는 뜻으로 쓰이는 한국 속담이다.

사람은 누구를 막론하고 한 번 태어나고 한 번은 죽는다. 죽음이란 어느 죽음이든 참으로 사람의 마음을 깊은 상념 속에 몰아 세워 놓고 사람의 가슴을 저리도록 숙연하게 만든다.

> 그대를 잊기 위해 비우고 또 비운다
> 내 안에 있는 흔적을 비우고
> 남아 있는 기억을 지우고
> 영상의 찌꺼기도 지우고
> 죄다 비운다
> 송두리째 비우며 잊으려고 하지만
> 다시 가득 채워지며
> 여전히 잊을 수 없는 그대
> 그대는 내 몸이 죽어져야 사위어질
> 아니 내 몸이 죽어도 다시 살아나는
> 불가해의 뿌리에 근원하고 있는가
>
> — 시 〈잊으려 하지만〉의 전문

이 시에 등장하는 '그대'는 누구일까? 사랑하는 사람과 친구 중, 어느 쪽일까 물론 사랑하는 사람이다. 사랑하는 사람이 죽어가자 "그대를 잊기 위해/ 비우고 또 비운다"면 모든 것을 잊기 위하여 "기억도 지우고/ 영상의 찌꺼기도 지우고/ 죄다 비웠"지만 "여전히 잊을 수 없는 그대"일 뿐, 나는 아무 것도 해낼 수 없다는 대목에 이르면 사랑한 사람의 죽음이 모든 것을 속박하고 있다.

　이렇게 진술하는 화자는 오직 사랑한 사람이 다시 살아 돌아오기만 기다려야 한다. 그러나 인생의 목숨은 한 번 죽어 가면, 죽은 사람의 형체만 남길 뿐, 본모습은 없다. 기억 속에 들어 있는 사랑한 사람의 그림자를 보고 "그대는 내 몸이 죽어져야 사위어질/ 아니 내 몸이 죽어도 다시 살아나는/ 불가해의 뿌리에 근원"하고 있다고 생각할 수밖에 없다.

　사람이 이 지경에 이르면 아무 것도 할 수 없다. "내 몸이 죽어져야 사위어질" 그대를 사랑했던 그리움은 "내 몸이 죽어도 다시 살아날" 것이라 외쳐댈 수밖에 없다. 한 사람의 죽음이 이토록 절실하게 기억 속에 남을 수밖에 없는 이유가 사랑이었다면 김선욱은 '그대'를 사랑하는데 몸과 마음을 전부 바칠 수밖에 없다.

　　-(전략)

　　피와 살이 튀기는 전장에서만
　　죽는 일은 없다
　　새벽에 갓 피어난 구름 한 조각
　　해 뜨니 자취 없이 스러지듯

나 소리 없이 죽어 간다.

배곯는 일도 없다
암 세포가 장기를 갉아 먹고 있는 것도 아니다
검버섯 피도록 수명이 닳아진 것도 아니다
그 무엇이 내 속에 나를 죽이고 있다.

어느 날 느닷없이 터 잡은 놈
속에서 자랄 만큼 자랐는지
살 속까지 헤집으며 갈기갈기 찢어발기더니
그예 뼛속까지 파고든다
드릴로 뚫듯 숭숭 구멍 뚫기도
얼리고 풀며 제 멋대로
야금야금 갉아 먹는다

종래는 뇌수에 이어 영혼까지
갉아 먹히며 죽으리라

한 세상 살다 내 몸뚱이 그리 소진되어
숨이 멎는다면 더는 여한 없으리라

― 시 〈소진되어 죽으리라〉 일부

소진은 모조리 없어지는 것을 말한다. 야금야금 기운이 빠지고 힘이 없어지는 상태를 겪어야 한다. 삶과 죽음과는 상관관계가 있고 반드시 자연으로 돌아가는 특징을 지니고 있다. "나 소진되어 죽으리라// 피와 살이 튀기는 전장에서만/ 죽는 일은 없다/ 새벽에 갓 피어난 구름 한 조각/ 해 뜨니 자취 없이 스러지듯/ 나 소리 없이 죽어간다" 첫머리를 읽으면 '소진되어 죽으리라'는 것을 이해하게 될 것이다.

사랑했던 사람에 대한 그리움 때문에 어쩔 수 없다. "배곯는 일도 없다/ 암세포가 장기를 갉아 먹고 있는 것도 아니다/ 검버섯 피도록 수명이 닳아진 것도 아니다/ 그 무엇이 내 속에서 나를 죽이고 있다"란 구절에서 '그 무엇'은 바로 사랑했던 사람에 대한 그리움이다. 그리움 때문에 소진되어 죽겠다면 그 경지는 어떨까?

우리들의 상상으로는 알아내지 못할 것 같다. 이 세상을 가득 채운 그리움 때문에 소진된다면(드릴로 뚫듯 숭숭 구멍 뚫기도) 종내는 "뇌수에 이어 영혼까지/ 갉아 먹히며 죽"게 된다. 그 괴로움을 "아, 한 세상 살다 내 몸뚱이 그리 소진되어/ 숨이 멎는다면 더는 여한이 없"겠다는 김선욱의 그리움과 사랑은 누구도 따라갈 수 없는 경지에 놓여 있다.

죽음은 우리들의 비밀을 벗기는 일을 한다. 한 사람이 죽고 나면 생전에 있었던 모든 일이 정리된다. 김선욱은 일생을 통하여 그리움만을 간직한 사람으로 남게 될 것이다.

6.

　김선욱의 시를 통틀어 말하자면 첫째, 그리움 둘째, 고독 셋째, 사랑 넷째 죽음에 대한 성찰과 명상으로 갈래를 잡을 수 있을 것 같다. 우리들의 의식 세계에서 이 네 가지 영역은 누구나 가지고 있는 것이지만 갈고 닦은 흔적에 따라, 또는 체험하고 공부한 내공에 따라 천차만별이다. 때문에 모든 시인들은 여기에 달라붙어 시로 써낸다. 하지만 누구나 마음대로 이것들을 다른 사람을 감동시킬 만한 시로 탄생시키기는 어렵다. 쉽고도 어려운 일이다.

　김선욱은 이 네 가지 주제를 꼼꼼히 살피고 그것들을 시로 형상화하는 데 성공했다. 그리움과 사랑 때문에 스스로 소진되어 죽으리라는 각오는 고독과 죽음에 대한 성찰이 그치지 않고 있음을 알려주는 대목이다.

　사랑은 사람의 마음을 달뜨게 만든다. 그러나 신자유시대, 인터넷과 스마트폰의 시대가 도래하면서 사랑이나 그리움, 고독이나 정의, 우정이나 애린 같은 말들을 잃어 버렸다. 그리워하는 일, 기다리는 일은 귀찮고 답답한 일이 되었기에 촌스럽다고 생각한다.

　이러한 세상에서 김선욱은 그리움과 고독, 사랑과 죽음에 대한 정의를 가슴에 쟁이고 깊이 성찰하는 까닭은 인간성과 고전미에 대한 특별한 깨달음이 있기 때문이다.

　사람의 감정이 기계에 의하여 퇴색해 가는 오늘, 김선욱의 이러한 시의 세계를 들여다보는 일은 즐겁지 않을 수 없다. 좋은 시를 읽으면 가슴에서 서늘한 바람이 일고 그 뿌듯한 생각이 머리를 스칠 때면 살맛이 난다. 살맛나는 시를 읽으면서 열흘을 보냈다. 큰 공부가 되었음을 독자들에게 알린다.

강은 그리움으로 흐른다

초판 1쇄 인쇄 2013년 4월 8일
초판 1쇄 발행 2013년 4월 8일
지은이 시 김선욱, 사진 마동욱
펴낸이 이재욱
펴낸곳 (주)새로운사람들
디자인 새로운사람들 디자인실
마케팅·관리 | 김종림
ⓒ 김선욱 2013
등록일 1994년 10월 27일
등록번호 제2-1825호
주소 서울시 도봉구 덕릉로 54가길 25 (우132-917)
전화 02-2237-3301, 2237-3316
팩스 02-2237-3389
홈페이지 www.ssbooks.biz
e-mail/ssbooks@chol.com
ISBN 978-89-8120-480-8 (03810)

*책 값은 뒤표지에 씌어 있습니다.